“ධම්මෝ හි වාසෙට්ඨා, සෙට්ඨෝ ජනේතස්මිං
දිට්ඨේ චේව ධම්මේ, අභිසම්පරායේ ච.”

වාසෙට්ඨයෙනි, මෙලොවෙහි ත්, පරලොවෙහි ත්
ජනයා අතර ධර්මය ම ශ්‍රේෂ්ඨ වෙයි !

- අග්ගඤ්ඤ සූත්‍රය - භාගයවත් බුදුරජාණන් වහන්සේ

නුවණ වැඩෙන බෝසත් කථා - 30
ජාතක පොත් වහන්සේ

(කුම්භ වර්ගය)

පූජ්‍ය කිරිබත්ගොඩ ඤාණානන්ද ස්වාමීන් වහන්සේ

© සියලුම හිමිකම් ඇවිරිණි.

ISBN : 978-955-687-151-7

ප්‍රථම මුද්‍රණය : ශ්‍රී බු.ව. 2561 ක් වූ නවම් මස පුන් පොහෝ දින

සම්පාදනය : මහමෙව්නාව භාවනා අසපුව

වඩුවාව, යටිගල්ඔළුව, පොල්ගහවෙල.
දුර : 037 2244602
info@mahamevnawa.lk | www.mahamevnawa.lk

පරිගණක අකුරු සැකසුම, පිටකවර නිර්මාණය සහ ප්‍රකාශනය :
මහාමේඝ ප්‍රකාශකයෝ

වඩුවාව, යටිගල්ඔළුව, පොල්ගහවෙල.
දුර : 037 2053300, 076 8255703
mahameghapublishers@gmail.com

මුද්‍රණය : ලීඩ්ස් ග්‍රැෆික්ස් (පුද්.) සමාගම,

අංක 356 E, පන්නිපිටිය පාර, තලවතුගොඩ.
ටෙලි: 011-4301616 / 0112-796151

නුවණ වැඩෙන බෝසත් කථා - 30

ජාතක පොත් වහන්සේ

(කුම්භ වර්ගය)

සරල සිංහල පරිවර්තනය

පූජ්‍ය කිරිබත්ගොඩ ඤාණානන්ද ස්වාමීන් වහන්සේ

මහාමේඝ
MAHAMEGHA

ප්‍රකාශනයකි

පෙරවදන

ජාතක පොත් වහන්සේ ඔබ කියවලා ඇති. කුඩා අවධියේත්, පාසලේදීත්, සරසවියේත්, පන්සලේ බණ මඩුවේත්, වෙසක් නාඩගමේත් අපි ජාතක කථා රස වින්දෙමු. නමුත් එහි සැබෑ අරුත කුමක් දැයි තේරුම් ගන්නට අප සමත් වූ වගක් නම් නොපෙනේ.

'නුවණ වැඩෙන බෝසත් කථා' නමින් ඒ ජාතක කථා ඔබේම භාෂාවෙන් ඔබට කියවන්නට ලැබෙන්නේ එයින් ඉස්මතු වන අරුතත් සමඟිනි. මෙහි අරුත් දැන එම කථාවත් මතක තබා ගෙන සත්පුරුෂ ගුණධර්ම දියුණු කර ගන්නට මහන්සි ගන්නේ නම් එය ජාතක කථාවෙන් ඔබට ලැබෙන සැබෑම ප්‍රතිඵලයයි.

හැම දෙනාටම තෙරුවන් සරණයි!

මෙයට,
ගෞතම බුදු සසුන තුළ මෙත් සිතින්,
පූජ්‍ය කිරිබත්ගොඩ ඤාණානන්ද ස්වාමීන් වහන්සේ
ශ්‍රී බුද්ධ වර්ෂ 2560 ක් වූ වෙසක් මස 31 දා

මහමෙව්නාව භාවනා අසපුව
වඩුවාව, යටිගල්ඔළුව,
පොල්ගහවෙල.

පටුන

30. කුම්භ වර්ගය

නමෝ තස්ස භගවතෝ අරහතෝ සම්මාසම්බුද්ධස්ස
ඒ භාග්‍යවත් අර්හත් සම්මා සම්බුදුරජාණන් වහන්සේට නමස්කාර වේවා!

01. භද්‍රඝට ජාතකය

සිතූපැතූ සම්පත් දෙන කළය ගැන කතාව

පින්වතුනේ, පින්වත් දරුවනේ,

ජීවිතයක් සාර්ථක කරගැනීමට නම් තමන්ටත් කිසියම් නුවණක් ඕනෑ. මේවායින් මගේ යහපත උදාවේවි, මේවායින් මාව වැනසී යාවී කියලා හොඳ නරක තේරුම් ගැනීමේ හැකියාවත් ඕනෑ. ඒ හැකියාව නැතිව හුදෙක් කා - බී - නටා - විනෝදෙන් ම කල්ගෙවන්ට සිතුවොත් එයා වටා හාමාවත් නොදැනීම පාපමිත්‍රයන් රැස්වෙනවා. ඔවුන්ගේ ඇසුර නිසා දුස්සීල සල්ලාල ජීවිතයකට ඇද වැටෙන්ටත් පුළුවනි. ඒ හේතුවෙන් ම තමන්ගේ මෙලොව ජීවිතයත් පරලොව ජීවිතයත් දුකට පත්වීම නම් කාටවත් ම වළක්වන්ට බෑ. මෙයත් එබඳු කතාවක්.

ඒ දිනවල අපගේ භාග්‍යවතුන් වහන්සේ වැඩ වාසය කළේ සැවැත්නුවර ජේතවනයේ. ඔය කාලේ අනේපිඬු සිටාණන්ගේ සහෝදරියකගේ පුතෙක් හිටියා. ඔහුට මව්පියන්ගෙන් සතළිස් කෝටියක ධනයක් ලැබුනා. මොහුට පාපමිත්‍ර ආශ්‍රය නිසා තමන්ට මාපියන්ගෙන් ලද වස්තුව ගැන කිසිම වටිනාකමක් දැනුනේ නෑ. විනෝද වෙන්න ම යි හැම දෙයක් ම වියදම් වුනේ. අන්තිමේදී කරකියාගන්ට

දෙයක් නැතිව උපකාරයක් බලාපොරොත්තුවෙන් අපේ අනේපිඬු සිටාණන් ළඟට ගියා.

එතකොට සිටාණෝ "එහෙනම් මොනා කරන්ට ද, මේං... මෙතන කහවණු දහසක් තියෙනවා. වෙළඳාමක් කරලා ජීවත්වෙන්ට" කියා කහවණු දහසක් දුන්නා. ඒ සල්ලිත් නාස්ති කරගෙන ආයෙමත් සිටුතුමා ළඟට ආවා. ඒ වතාවේ සිටුතුමා කහවණු පන්සියයක් දුන්නා. ටික දවසකින් ඒකත් විනාශ කරගෙන ආයෙමත් ආවා. එතකොට සිටුතුමා වටිනා සළු යුගලක් දුන්නා. මේ පුද්ගලයා ඒකත් විනාශ කරගෙන සිටුතුමා ළඟට ආවා. එතකොට සිටුතුමා සේවකයන් ලවා මොහුව බෙල්ලෙන් අල්ලා එළියට ඇදලා දැම්මෙව්වා. ඊට පස්සේ මොහුට ආයෙමත් යනඑන මං නැතිව ගියා. අනුන්ගෙන් ලැබෙන දංකුඩ කකා අගුපිල් ගානේ ලැගලා හිට අනාථව මැරිලා ගියා. එතකොට මිනිස්සු මේ කාත්කවුරුත් නැති පුද්ගලයාගේ මළසිරුර පිටතට ඇදලා දැම්මා.

අනේපිඬු සිටාණෝ භාග්‍යවතුන් වහන්සේ බැහැ දැකලා තමන්ගේ සහෝදරියගේ පුතා සියලු ධනය වනසාගෙන අනාථව මැරී ගිය හැටි පවසා සිටියා.

"ගෘහපතිය, ඔහොම තමයි. ඔය පුද්ගලයාව ඔබ කොහොමද සතුටු කරවන්නේ? මං පෙර ආත්මෙක ඔය පුද්ගලයාව සතුටු කරවන්ට කැමැති වස්තුව ලබාදෙන භද්‍රඝටයක් (වාසනා කළයක්) දුන්නා. ඒත් බැරි වුනා නොවැ. නාස්තිකාර පුරුද්ද ඒ ආත්මේදී අත්හැරියෙත් නෑ. විනාශ වෙලාම ගියා.

එතකොට අනේපිඬු සිටාණෝ ඒ පෙර ආත්මේ කතාව කියාදෙන්ට කියා භාග්‍යවතුන් වහන්සේගෙන්

ඉල්ලා සිටියා. භාග්‍යවතුන් වහන්සේ මේ අතීත කතාව ගෙනහැර දක්වා වදාළා.

"ගෘහපතිය, ගොඩාක් ඉස්සර කාලෙක බරණැස්පුරේ බ්‍රහ්මදත්ත නම් රජ්ජුරුකෙනෙක් රාජ්‍ය කරමින් සිටියා. ඔය කාලේ මහාබෝධිසත්වයෝ මහාසිටුවරයෙක්ව බරණැස ම ඉපදිලා හිටියා. ඔහුට භූමියට අයත්ව පමණක් සතළිස් කෝටියක ධනය තිබුනා. හිටියෙත් එක ම දරුවයි. බෝධිසත්වයෝ තමන් සන්තක ධනයෙන් හොඳට දන්පැන් පුදා සිල් රැක බොහෝ පින් කරගත්තා. තමන්ගේ පුත්‍රයාට ත් සියලු දේපල වස්තුව පවරා දුන්නා. බෝධිසත්වයෝ කලුරිය කොට සක්දෙවිඳු වෙලා උපන්නා.

සිය පියාගේ ඇවෑමෙන් පස්සේ පුත්‍රයා ධනය වියදම් කරන හැටි විතරයි කල්පනා කළේ. ඔහු තමන් වාසය කරන සිටුමාළිගාවට යන පාර හරස්කොට මහාමණ්ඩපයක් කෙරෙව්වා. මහජනයා පිරිවරාගෙන වාඩිවුනා. ඇති පදමට සුරා පානය කරන්ට පටන් ගත්තා. ලස්සනට පිනුම් ගසන, නටන නාටක ස්ත්‍රීන් ගෙන්වලා ඔවුන්ට කහවණු දහස ගණනේ ගෙවලා ඒ මණ්ඩපය මැද නැටෙව්වා. සංගීත සාජ්ජ දැම්මා. නොයෙක් ස්ත්‍රීන් ඇසුරටත් ඇබ්බැහි වුනා. සුරාවටත් ස්ත්‍රීන්ටත් ලොල් වී සල්ලාල ජීවිතයක් ගත කළා. එයිනුත් සෑහීමකට පත් වුනේ නෑ.

"මීටත් වඩා ලස්සනට නටන්ට පුළුවන් ගී කියන්ට පුළුවන් හැඩකාර ස්ත්‍රීන් තව කොහේද ඉන්නේ? මං ඉල්ලන ගාණක් දෙන්නම්" කිය කියා එයට ම ලොල්වෙලා ප්‍රමාදයෙන් වාසය කළා. වැඩි දවසක් ගියේ නෑ. සතළිස් කෝටියක ධනය, ඉතා වටිනා ගේ දොර උපකරණ, හැම

දෙයක් ම නැසී වැනසී ගියා. මහා දිළිඳු බවට පත් වුනා. අසරණ වෙලා කඩමාලු ඇඳගෙන ඇවිද ඇවිද ගියා.

ඔය අතරේ බෝසත් සක්දෙවිඳු තමන්ගේ පුත්‍රයාට දැන් කොහොමදැයි කියා බැලුවා. ඔහු ඉතා අසරණව දුක්ඛිත ජීවිතයක් ගත කරන අයුරු දැක බලවත් පුත්‍රප්‍රේමයකින් ඔහුට උපකාර කරන්ට කල්පනා කළා. දවසක් සක්දෙවිඳු තමන්ගේ පෙර ආත්මේ පුත්‍රයා ඉදිරියේ පෙනී සිටියා. මෙහෙම කිව්වා.

"අදරැති දරුව... මේං මේක ගනින්. මේක තමයි නුඹට වාසනාව ගෙනෙන භද්‍රඝටය. හිතූ පැතූ සම්පත් දෙන කළයක්. මේක හොඳට පරෙස්සම් කොට රැකගනින්. මේ කළය නුඹ ළඟ තියෙනාතුරු නුඹට ධනයෙන් කිසීම අඩුපාඩුවක් වෙන්නේ නෑ. මේ ධනය රැගෙන නුඹ අප්‍රමාදීව වාසය කරපන්. හැබැයි මේක බිඳ ගන්ට එපා!" කියා අවවාද කොට ඉර්ධියෙන් කහවණු ලැබෙන විස්මිත කළගෙඩියක් ඔහුගේ අතට දීලා නොපෙනී ගියා.

මේ පුද්ගලයා එදා පටන් අර භද්‍රඝටයෙන් ලැබෙන කහවණු හිතුමනාපේ වියදම් කොට ඇති පදම් සුරා බිබී වාසය කරන්ට පටන් ගත්තා. දවසක් මොහු සුරා බීලා හොඳටම වෙරි වුනා. වෙරි මර ගාතේ ඒ වාසනාව ගෙන ආ භද්‍රඝටය අතට අරගෙන අහසට උඩ දදා කළගෙඩි නැටුම් නටන්ට පටන් ගත්තා. වෙරි පිට උඩ දැමූ කළය අල්ලාගන්ට බැරිව ගියා. බිම වැටී කැලිවලට බිඳී ගියා!

ආයෙමත් අසරණ අඩියකට වැටුනා. පිඟන් කබලක් අතට ගෙන කඩමාලු ඇඳගෙන ගෙයක් ගානේ ගොහින් අනුන් දෙන දංකුඩ කාලා අගුපිල් ගානේ නිදියාගෙන ඉඳලා මැරිලා ගියා."

මේ කතාව වදාළ භාග්‍යවතුන් වහන්සේ මේ ගාථාවන් වදාළා.

(1). තමන් කැමැති වස්තුව දෙන
- භද්‍රඝටය ලැබුනේ සල්ලාලයෙකුට
ඔහු සැපසේ සිටියේ ගරු කරනා තුරු
- පමණයි ලද ඒ වස්තුව හට

(2). සුරා මතින් මත් වී උඩඟු කමින් මත් වී
- ඔහු යම් දවසක
ප්‍රමාදයෙන් සිටිය නිසයි කළය බිඳී
- ඔහුට උදාවූයේ ඒ දුක
එදා පටන් ඒ බාලයාට නැත
- අඳින්ට වස්ත්‍රයකුත් ලැබුනේ
කෑමක් බීමක් හෝ යන්ට එන්ට තැනක්
- නැතිව දුකින් දුකට වැටුනේ

(3). කාටත් වෙන්නේ ඔය ටික ම යි
- මේ දේ නිසි තේරුම් නොගත්තොත්
වරදිනවා තමන් ලැබුව දේ
- නිසි ලෙස පාවිච්චිය නොකළොත්
පස්සේ ඒ ගැන සිතමින් පසු තැවෙන්ට වේවී
කළය බිඳුනු සල්ලාලයා නැසුන වගේ වේවී

"ගෘහපතිය, එදා තමන්ට වාසනාව ගෙනා කළගෙඩිය වනසාගෙන සියලු දෙයින් පිරිහී ගියේ මෙදා මේ සිටුවරයාගේ සහෝදරියගේ ඒ පුත්‍රයා යි. එදා සක්දෙවිඳුව සිටියේ මම" යි කියා භාග්‍යවතුන් වහන්සේ මේ ජාතකය නිමවා වදාළා.

02. සුපත්ත ජාතකය
සුපත්ත නම් බෝසත් කපුටාගේ කතාව

පින්වතුනේ, පින්වත් දරුවනේ,

මෙයත් ලස්සන කතාවක්. මේ කතාවෙන් කියවෙන්නේ රාහුලමාතා වන යශෝදරා මහරහත් මෙහෙණින් වහන්සේ ගැනයි.

ඒ දිනවල අපගේ භාග්‍යවතුන් වහන්සේ වැඩ වාසය කළේ සැවැත්නුවර ජේතවනයේ. ඔය කාලේ සැවැත්නුවර ජේතවනයට ආසන්නයේ මෙහෙණ අසපුවක වැඩ සිටි යශෝදරා භික්ෂුණිය වාතය කිපීමෙන් වූ උදරාබාධයක් නිසා ගිලන් වුනා. එදා රාහුල සාමණේරයෝ සිය මෑණියන් වහන්සේ බලන්ට ගිහින් විමසා සිටියා.

"පින්වත් මෑණියෙනි, ඔය අසනීපය ඉක්මණින් සුවපත් වීමට මොනා ද කෙරෙන්ට ඕනෑ?"

"අනේ, පුත්‍රයන් වහන්ස, මේ අසනීපයට අලුත් ගිතෙලින් පිසින ලද රෝහිත මත්ස්‍ය ව්‍යංජනය නම් හොඳට ම හොඳයි. නමුත් අපි දැන් පැවිද්දෝ නොවැ."

"නෑ... මෑණියෙනි... පිනක් ඇත්නම් අපට ලැබේවි." කියා රාහුල සාමණේරයෝ කෙලින්ම සාරිපුත්තයන් වහන්සේ ළඟට ගියා. ගිහින් වන්දනා කොට මහා දුකකින්

වගේ බිම බලාගෙන සිටියා.

"ඇයි රාහුලයෙනි, මොකොද මහත් සිත් වේදනාවකින් වගේ!"

"අනේ ස්වාමීනී, මාගේ මෑණියන් වහන්සේට වාතය කිපීමෙන් උදරාබාධයක් සෑදිලා. මං අද බලන්ට ගියා. එතුමිය කීවේ අළුත් ගිතෙල් යොදා පිසින ලද රෝහිත මාළු ව්‍යංජනයක් වැළඳුවොත් සනීපවේවි කියලයි."

"අපිට පිනක් ඇත්නම් ලැබේවි රාහුලයෙනි, දැන් ඒ ගැන මොකුත් නොසිතා ඉන්ට හොඳේ" කියා අපගේ ධර්ම සේනාධිපතීන් වහන්සේ රාහුලයන්ව අස්වැසුවා.

පසුවදා අපගේ සාරිපුත්තයන් වහන්සේ රාහුල සාමණේරයන් කැටුව සැවැත්නුවරට පිඬු සිඟා වැඩියා. ආසන ශාලාවේ රාහුලයන්ට වාඩි වී ඉන්ට කීවා. අපගේ සාරිපුත්තයන් වහන්සේ තනියම මාළිගාවට වැඩියා. එදා රාජමාළිගාවේ අලුත් ගිතෙල් යොදා පිස්න ලද රෝහිත මාළු ව්‍යංජනයත් සමග ඇල්හාලේ බත් පිළියෙල කොට තිබුනා. කොසොල් රජ්ජුරුවෝ සාරිපුත්තයන් වහන්සේගේ පාත්‍රය එයින් පුරවා පූජා කළා. සාරිපුත්තයන් වහන්සේ එය රැගෙන විත් රාහුලයන් අතට දුන්නා. රාහුල සාමණේරයෝ එය රැගෙන සිය මෑණියන් වූ යශෝදරා මෙහෙණින් වහන්සේට පූජා කළා. එය වැළඳූ පමණින් ම ඇයගේ උදරාබාධය සුවපත් වුනා.

කොසොල් රජ්ජුරුවන්ටත් මේ ප්‍රවෘත්තිය දැන ගන්ට ලැබුනා. එදා පටන් රජ්ජුරුවෝ යශෝදරා මෙහෙණින් වහන්සේට එබඳු වූ දානයන් පිළියෙල කොට වරින්වර පූජා කළා.

දවසක් දම්සභා මණ්ඩපයේ රැස්වූ භික්ෂූන් මේ කරුණ කතා කරමින් සිටියා. "බලන්ට ඇවැත්නි, අපගේ ධර්මසේනාධිපතීන් වහන්සේගේ කරුණා මහිමය. කලින් වතාවකත් යශෝදරා ස්ථවිරීන් වහන්සේ අසනීප වුනා. උක්සකුරු යෙදූ අඹ යුෂ ඕනෑ වුනා. ඒ වතාවෙත් අපගේ ධර්මසේනාධිපතීන් වහන්සේ උපකාර කළා. මෙවරත් ඈ අසනීප වුනා. අපගේ රාහුලභද්‍රයෝ මෙවරත් ගිහින් තමන්ගේ උපාධ්‍යායන් වහන්සේට කියා හිටියා. අනේ මෙවරත් සාරිපුත්තයෝ එතුමියගේ අසනීපයට සප්පාය භෝජන යවලා එතුමිය සුවපත් කළා."

ඒ අවස්ථාවේ අපගේ භාග්‍යවතුන් වහන්සේ එතැනට වැඩම කොට වදාළා. භික්ෂූන් වහන්සේලා තමන් කතා කරමින් සිටි කරුණ භාග්‍යවතුන් වහන්සේට සැල කළා. භාග්‍යවතුන් වහන්සේ මෙසේ වදාළා.

"මහණෙනි, අපගේ සාරිපුත්තයෝ රාහුලමාතාව කැමැති වූ දේ ගෙනැවිත් දුන්නේ මේ ආත්මයේ විතරක් නොවෙයි. මීට කලින් ආත්මෙකත් ඇය කැමති දේ දුන්නා" කියා මේ අතීත කතාව ගෙනහැර දක්වා වදාළා.

"මහණෙනි, ගොඩාක් ඉස්සර කාලෙක බරණැස්පුරේ බ්‍රහ්මදත්ත නම් රජ්ජුරු කෙනෙක් රාජ්‍ය විචාරමින් සිටියා. ඔය කාලේ මහාබෝධිසත්වයෝ කපුටු යෝනියේ උපන්නා. කලක් යද්දී අසූ දහසක් වූ කපුටු ජනකායට නායකව සුපත්ත නම් කපුටු රජු බවට පත් වුනා. ඒ කපුටු රජ්ජුරුවන්ට සුඵස්සා නමින් අගමෙහෙසි කපුටුදෙනකුත් හිටියා. සුමුඛ නමින් සෙන්පති කපුටෙකුත් හිටියා. මේ මහා කපුටු පිරිස පිරිවරාගෙන බෝසත් කපුටා වාසය කළේ බරණැසට කිට්ටුවෙනුයි.

දවසක් මේ කපුටු රජ්ජුරුවෝ සුළුස්සාවත් එක්ක ගොදුරු සොයන්ට පිටත් වුනා. එදා ගියේ බරණැස රජ්ජුරුවන්ගේ රාජකීය මුළුතැන්ගෙටයි. රජ්ජුරුවන්ගේ අරක්කැමියා නොයෙකුත් මස් මාංශ රසයෙන් යුතු නොයෙකුත් සූප ව්‍යංජන යුතු භෝජන සකස් කළා. ඒවායේ රස්නේ පිටවීම පිණිස භාජනවල වැහුම් ඇරලා ටික වේලාවක් තිබ්බා. ඒ බොජුන් සුවඳ හැම තැනම පැතිර ගියා.

මස්මාළු සුවඳ ආඝ්‍රාණය කළ සුළුස්සා කපුටියට රාජභෝජන අනුභව කරන්ට ආශාවක් ඇති වුනා. එදා ඒ ගැන මොකවත් ම කීවේ නෑ. නමුත් ඒ ගැන ම යි සිත සිතා උන්නේ. පසුවදා බෝසත් කපුටා "සොඳුරී... එහෙනම් අපි මොකවත් සොයාගෙන කන්ට යමු" කියලා කිව්වා.

"හනේ... මට සනීප මදි... ඔයා යන්ට."

"ඇයි... මොකක්ද වුනේ?"

"අනේ මෙයා... මයෙ සිතේ දොළදුකක් උපන්නා."

"ඉතිං කියන්ටකෝ... මොකක්දෑ ඒ දොළදුක!"

"මේකයි අනේ... ඔයාට මතකෙයි ඊයෙ අපි ගොදුරු සොයන්ට යද්දී බරණැස් රජ්ජුරුවන්නේ මුළුතැන් ගේ ළඟ උන්නා? ඉතින් අනේ ඔයා දැක්කා ද රාජභෝජනවලට හදාපු මස්මාංස තිබුන හැටි? හප්පා... සුවඳේ බෑ. අනේ මං ඒ රාජභෝජන අනුභව කරන්ට යි ආසා. මට ඒවා ලැබෙන්ට පිළිවෙළක් නැත්නම්... මීට හොඳයි මං මැරිලා යනවා. අනේ, දේවයන් වහන්ස, මං පණ පිටින් ඉන්නවා දකින්ට ඔයා ආස නම් මයෙ දොළදුක ඉෂ්ට කරලා

දෙන්ට" කියා ඈ කුඩුවේ ම වැතිරුනා.

බෝධිසත්වයෝ පහළට ඇවිත් අත්තක වසා මේ ගැන බරපතල කල්පනාවකට වැටුනා. අමාත්‍ය කපුටා වන සුමුඛ ඇවිත් විමසා සිටියා. "ඇයි මහරජුනි, මහත් නොසතුටකින් වගේ සිතුවිලි බරව ඉන්නේ?"

"සේනාපති... හරි වැඩක් වුනා නොවැ. අපගේ මෙහෙසියට දොළදුකක් හට අරං. ඇට ආසාවක් ඇතිවෙලා තියෙනවා. එය ඉෂ්ට කරන්ට අපට බැරිවුනොත් ඇගේ ජීවිතේ අනතුරේ. ඒකයි මං මේ සිත සිතා ඉන්නේ."

"මොකක්ද රජතුමනි, ඒ දොළදුක? අපි ඒක කොහොම හරි ඉෂ්ට කරලා දෙමුකෝ."

"මේකයි සේනාපති... ඊයේ අපි බරණැස් රජ්ජුරුවන්ගේ මුළුතැන් ගේ ළඟින් යද්දී ඈ දැකලා තියෙනවා නොවැ රාජභෝජන. ඒවායේ තිබුන මාළුමස් සුවඳ දැනිලා. දැන් ඈ කියන්නේ රාජභෝජනයක් අනුභව කරන්ට ම ඕනෑ කියලයි. ඉතිං කොහොමෙයි අපි මේ වැඩේ කරන්නේ?"

"මහරජ්ජුරුවන් වහන්ස, ඔබවහන්සේ ඒ ගැන නොසිතා ඉන්ට. බිසොවුන් වහන්සේටත් කියන්ට ඒ ගැන සිත සිතා වෙහෙසට පත්වෙන්ට එපා ය කියා. අද ඔබවහන්සේත් මෙහි ම වැඩ ඉන්ට කෝ. අපි රාජභෝජන අරගෙන එන්නම්" කියලා සෙන්පති කපුටා පිටත්ව ගියා.

සෙන්පති කපුටා කෙලින්ම ගියේ කපුටු පිරිස වෙතටයි. ගිහින් කපුටු සේනාව රැස්කරලා මෙහෙම කිව්වා.

"මිතුරනේ... ඕන්න ඕකයි කතාව. අපි අපේ රජ්ජුරුවන්නේ ප්‍රිය බිසොවුන් වහන්සේගේ දොළදුක සංසිඳුවා, රජ්ජුරුවන්ගේත් බිසොවගේත් සිතට සතුට දෙන්ට ඕනෑ. ඒ නිසා වරෙව් දැන් යන්ට. ගොහින් රාජභෝජන ඇන්න එමු" කියලා සෙන්පති කපුටා කපුටු සේනාව කණ්ඩායම් වශයෙන් සංවිධානය කෙරෙව්වා. රාජකීය මුළුතැන්ගේ අවට ඔවුන්ව තැනින් තැන තැබ්බෙව්වා. තමන් තවත් බලසම්පන්න කපුටෝ අටදෙනෙක් සමඟ මුළුතැන් ගෙයි වහලේ වැසුවා.

"දැන් මේකයි මෙතැන කෙරෙන්නේ... තව ටික වේලාවකින් රජ්ජුරුවන්ගේ භෝජන කද පිටත් වෙනවා. එතකොට මං ඒ කද බිමට පෙරලනවා. භාජන බිම වැටේවි. එතකොට එතැනින් ම මගේ ජීවිතය අවසානයි. හැබැයි නුඹලාගෙන් සතර දෙනෙක් ඒ මොහොතේ ම කටපුරා බත් ගන්ට ඕනෑ. අනිත් සතරදෙනා කටපුරා මස්මාළු ගන්ට ඕනෑ. අරගෙන කෙළින් ම ගිහින් බිසොවුන් වහන්සේ සහිත අපගේ රජ්ජුරුවන්ව වළඳවන්ට ඕනෑ. සේනාපති කෝ කියා ඇසුවොත් පස්සේ ඒවි කියා කියාපන්."

ඉතින් අරක්කැමියා භෝජන සකසාගෙන කදේ තියාගෙන රජගෙදරට පිටත් වුනා. රාජාංගනෙන් යද්දී සෙන්පති කපුටා අනිත් කපුටන්ට සඥ්ඥාව දුන්නා. තමන් ඇවිත් කද ගෙනියන මිනිසාගේ උරහිසේ වැහුවා. ඊටපස්සේ නියපොතුවලින් පහර දී යකඩ උල් වැනි තුඩෙන් ඔහුගේ නාසය අල්ලාගෙන දෙපාවලින් ඔහුගේ මුහුණු වසා ගත්තා.

ඒ වෙලාවේ රජ්ජුරුවෝ උඩුමහලේ සක්මන් කරමින් සිටියේ. ජනේලයෙන් බලද්දී ඒ කපුටාගේ ක්‍රියාව

දැකලා කඳ ගෙනයන මිනිසාට කෑගහලා මෙහෙම කිව්වා. "ඒයි... යාළුවා... බත් භාජනේ අතෑරලා ඔය කපුටාව ම අල්ලා ගනිං. එතකොට ඔහු කඳ අත්හැරියා. සෙන්පති කපුටාව කිටි කිටියේ තදකොට අල්ලා ගත්තා. එසැණින් ම කාක්කෝ ඇවිත් කෑම කාගෙන කාගෙන ගියා. නියමිත අණ ලැබුන කපුටෝ අටදෙනා කටවල් වල රාජභෝජන පුරෝගෙන ගිහින් බිසොව සහිත රජුව වැළඳෙව්වා. සුඵස්සා දේවිගේ දොළ සංසිඳුනා.

කත්කාරයා කපුටාව අරගෙන රජ්ජුරුවෝ ළඟට ගියා. රජ්ජුරුවෝ කපුටාට කතා කළා.

"හෑ... කපුටෝ, මං හිටි බව දැක දැකත් ලැජ්ජාවක් ඇතිවුනේ නෑ නේද? බලාපන් උඹ කළ වැඩේ. බත් අරගෙන එන මේ පුරුෂයාගේ නාසය තුවාල කළා. භෝජන බඳුන් බින්දා. තමාගේ ජීවිතයත් අනතුරේ හෙළා ගත්තා. ඇයි උඹ මෙවැනි බරපතළ වැඩක් කළේ?"

"මහරජුනේ, සමාවෙලා මං කියන දේ අසන්ට. මහරජුනේ, අපටත් රජෙක් ඉන්නවා. උන්නාන්සේත් වාසය කරන්නේ මේ බරණැසට කිට්ටුවෙන් තමා. මං උන්නාන්සේගේ සේනාපති. උන්නාන්සේගේ බිරිඳ සුඵස්සා දේවීට දොළදුකක් නිසා අසනීපයි. ඈට තොපගේ රාජ භෝජන වළඳින්ට ආසාවක් උපන්නා. රජ්ජුරුවෝ ඇගේ සිතේ හටගත් දොළදුක ගැන මට කීවා. මං ඒ මොහොතේ ම රජ්ජුරුවෝ වෙනුවෙන් මගේ දිවි පිදුවා. ජීවිත ආශාව අත්හැරියා. මං අද මේ වැඩේ කළේ තවදුරටත් ජීවත්වෙන්ට බලාගෙන නොවේ. දැන් මං එතුමියට භෝජන යැව්වා. මගේ ප්‍රාර්ථනාව මුදුන්පත් වුනා. මට ඒ ඇති" කියා මේ ගාථාවන් පැවසුවා.

(1). මේ බරණැස් රටේ සිටින මිනිසුන්ගේ රජ්ජුරුවෙනි
අපටත් මිනිසුන්ට සෙයින් කපුටු රජෙක් ඉන්නවා
අසූ දහස් කපුටු සෙනඟ පිරිවරනා අපගේ රජු
සුපත්ත නමිනුයි අපි සැම නිතරම ගරු කරනවා

(2). එතුමාගේ බිසොවුන්ගේ නම ය සුඵස්සා දේවී
එතුමිය දොළදුකක් නිසා පීඩාවෙන් උන්නී
ඔබගේ මුළුතැන් ගෙයි ඇති උතුම් රාජභොජුන් පිණිස
පිසිනා මස් මාළු කන්ට ආසාවෙන් උන්නී

(3). අප රජුගේ අණ පරිදිය දූතයෙකු සේ මං ආවේ
ස්වාමියාගේ අණ ගරුකොට මගේ දිවිය පිදුවේ
ඔය දාසයාගේ නාසය මං එනිසයි තුවාල කෙරුවේ
දැන් මාහට කැමැති දඬුවමක් දෙනු මැන මහරජුනේ

කපුටාගේ කතාව ඇසූ රජ්ජුරුවෝ පුදුමයට පත් වුනා. "අනේ මගේ මිත්‍රයා... මට නම් උඹ ගැන පුදුමෙනුත් පුදුමයි. දැන් බලාපන් අපි මිනිස්සු නොවැ. අපි අපේ මිනිස්සුන්ට මහත් යස ඉසුරු දෙනවා. ගම්කෙත් දෙනවා. නමුත් තමන්ගේ ස්වාමියා වෙනුවෙන් ඕනෑම වේලාවක දිවි පුදන්ට පුළුවන් උඹ වැනි එකෙක් අපට සොයාගන්ට නෑ නොවැ. උඹ කපුටෙක් වෙලත් තමුන්නේ රජු වෙනුවෙන් දිවි පිදුවා නොවැ. උඹ වගේ එකෙක් තමයි මටත් ඕනෑ. මං මිත්‍රයා නුඹව මගේ මේ සුදුසේසතින් පුදා මගේ මේ රාජ්‍යයත් නුඹට දෙනවා" කියලා රජ්ජුරුවෝ සුදු සේසතින් කපුටාව පිදුවා. කපුටා ඒ සේසතින් රජ්ජුරුවන්ව ම පිදුවා. ඊට පස්සේ සුපත්ත කපුටු රජ්ජුරුවන්ගේ ගුණ කියන්ට පටන් ගත්තා. එතකොට රජ්ජුරුවෝ සුපත්ත කපුටු රජුවත් ගෙන්වාගෙන බණ ඇසුවා. ඒ රාජකීය කපුටු යුවළට යි සෙන්පති කපුටාට

යි නිතිපතා රාජභෝජන දෙන්ට සැලැස්සුවා. අනිත් කපුටන්ට අමුණක වී කොටා නිති බත් දුන්නා.

රජ්ජුරුවෝ බෝධිසත්වයන්ගේ අවවාදයේ පිහිටියා. සියලු සත්වයන්ට අභයදානය දුන්නා. නිති පන්සිල් රැක්කා. ඒ කපුටු රාජයා දුන්න අවවාද 'සුපත්තකාවවාද' නමින් අවුරුදු සත්සීයක් ම ඒ රජපරපුරේ තිබුනා.

මහණෙනි, එදා කපුටු රාජයා නිසා දැහැමි රජෙක් බවට පත් වූ බරණැස් රජුව සිටියේ අපගේ ආනන්දයෝ. සෙන්පති කපුටා වෙලා රජුන්ට දිවිපිදුවේ අපගේ සාරිපුත්තයෝ. සුඵස්සාදේවී වෙලා සිටියේ රාහුල මාතාවෝ. සුපත්ත රජුව සිටියේ මම" යි කියා භාග්‍යවතුන් වහන්සේ මේ ජාතකය නිමවා වදාළා.

03. කායවිච්ඡන්ද ජාතකය

කයේ සැබෑ තතු දැක පැවිදි වීමේ කතාව

පින්වතුනේ, පින්වත් දරුවනේ,

නොයෙක් අවස්ථාවල අපි කවුරුත් ලෙඩරෝගවලට බඳුන් වෙනවා. සුව කිරීම අපහසු ලෙඩරෝග පවා අපට වැළඳෙනවා. එතකොට වුනත් බොහෝ දෙනෙක් හිතන්නේ කොහොම හරි ලෙඩේ සුවපත් කරගෙන පරණ විදිහට ඉන්ටයි. එහෙම හිතාගෙන ඒ මත්තේම නැහෙනවා. ඔය අතරේ කලාතුරකින් කෙනෙක් අසනීප නිසාම සසර කළක්රෙනවා. සුව වූ ගමන් ගිහි ජීවිතේ අත්හරිනවා. මෙය එබඳු කතාවක්.

ඒ දිනවල අපගේ භාග්‍යවතුන් වහන්සේ වැඩ වාසය කළේ සැවැත්නුවර ජේතවනයේ. ඔය කාලේ සැවැත්නුවර වාසය කළ මිනිසෙකුට දරුණු ලෙස පාණ්ඩුරෝගය වැළඳුනා. නොයෙක් වෙදුන් ළඟට ගොස් වෙදකම් කළා. නමුත් ගුණයක් ලැබුනේ නෑ. අන්තිමේදී වෙදමහත්තුරු උන්දෑව සනීප කරන්ට බෑ කියලා අත්හැරියා. උන්දෑගේ අඹුදරුවොත් 'අනේ මේ අපේ ලෙඩාව සුවපත් කරන්ට කවුරුත් නෑ නොවැ' කියමින් බලවත් දුකෙන් හිටියා. එතකොට උන්දෑ මෙහෙම අධිෂ්ඨානයක් ඇතිකර ගත්තා.

'මං මේ නිසරු ගිහි ගෙදරක රැඳී සිටිද්දී ලෙඩ වුනේ.

මේ ලෙඩෙන් ම මැරී ගියොත් කර්මානුරූපව කොහේ යාද දන්නේ නෑ. මං පැවිදිවෙලා ගුණධර්ම දියුණු කරගත්තා නම් මට ඒකවත් තියෙනවා. දැන් මොකුත් නෑ... නමුත්... මගේ මේ ලෙඩේ සනීප වුනොත් නම් කවුරු කීවත් මං ගිහි ගෙදර නම් ඉන්නේ නෑ. ජේතවනාරාමෙට ගොහින් පැවිදි වෙනවා පැවිදි වෙනවා ම යි' කියලා.

ටික දවසකින් ඒ මනුස්සයාට හොඳ වෙදෙක් මුණ ගැසුනා. සම්පූර්ණයෙන් ම සුවපත් වුනා. අධිෂ්ඨාන කරගත් පරිදි ම පැවිදි වුනා. භාග්‍යවතුන් වහන්සේ සමීපයෙන් උපසම්පදාව ලබන්ටත් වාසනාව ලැබුනා. වැඩිකල් ගියේ නෑ. උතුම් රහත් ඵලයට පත්වෙන්ටත් වාසනාව ලැබුනා.

දම්සභා මණ්ඩපයට රැස්වූ භික්ෂූන් වහන්සේලා මේ භික්ෂුව ගැන කතා කරමින් සිටියා. "බලන්ට ඇවැත්නි, වාසනාවේ මහිමය! අසවල් භික්ෂුව ගෙදර සිටිද්දී කාලයක් ඉඳලා තියෙන්නේ වල පයයි, ගොඩ පයයි වගේ. කොයි වෙලාවේ මැරේවිදැයි කියන්ට බැරි තරමට පාණ්ඩු රෝගය උත්සන්න වෙලා තියෙනවා. පස්සේ ආයෙමත් හොඳ පැත්තට හැරිලා සුවපත් වුනා. හොඳටම අසාධ්‍යව ඉන්නැද්දි අධිෂ්ඨාන කොරගෙන තියෙනවා 'මං සුව වුනොත් මහණදම් පුරනවා ම යි' කියලා. බලන්ට වාසනාව. ලෙඩේ සුව වුනා. පැවිදි වුනා. ටික කලයි ගියේ. රහත් වුනා!"

ඒ අවස්ථාවේ අපගේ භාග්‍යවතුන් වහන්සේ එතැනට වැඩම කෙට වදාළා. භික්ෂූන් වහන්සේලා තමන් කතා කරමින් සිටි කරුණ භාග්‍යවතුන් වහන්සේට සැළකළා. භාග්‍යවතුන් වහන්සේ මෙසේ වදාළා.

"මහණෙනි, ඔය භික්ෂුව පමණක් නොවේ. පෙර අතීතේ සිටිය නුවණැත්තෝ පවා ඔහොම තමා. ඔවැනි රෝගවලින් අසාධ්‍යව ඉඳලා සුවපත් වූ ගමන් ගෙදර නොසිට පැවිදිව ආධ්‍යාත්මික දියුණුව ලබාගෙන තියෙනවා."

මෙසේ වදාළ භාග්‍යවතුන් වහන්සේ මේ අතීත කතාව ගෙනහැර දක්වා වදාළා.

"මහණෙනි, ගොඩාක් ඉස්සර කාලෙක බරණැස්පුරේ බ්‍රහ්මදත්ත නම් රජ්ජුරු කෙනෙක් රාජ්‍ය විචාරමින් සිටියා. ඔය කාලේ මහාබෝධිසත්වයෝ බ්‍රාහ්මණපවුලක ඉපිද සිටියා. වියපත් වුනාට පස්සේ පවුල් ජීවිතයක් ගත කළා. කලක් යද්දී මොහුට පාණ්ඩු රෝගය වැළඳුනා. කිසි වෙදකමකින් සුවයක් ලැබුනේ නෑ. මෙයාත් අධිෂ්ඨානයක් ඇතිකර ගත්තා. 'මං මේ රෝගය සනීප වුනෝතින් ගෙදර නම් ඉන්නේ නෑ. හිමාලෙට ගොහින් පැවිදි වෙනවා ම යි' කියලා. ටික දවසකින් ලෙඩේ සුවවෙන බේත් ලැබුනා. ටිකෙන් ටික සුවපත් වුනා. හිමාලෙට ගිහින් ඍෂි පැවිද්දෙන් පැවිදි වුනා. ධ්‍යාන අභිඤ්ඤා සමාපත්ති උපදවා ගත්තා. ධ්‍යාන සැප විඳිමින් වාසය කළා. 'අනේ මං ගිහිගෙදරට වෙලා සැපය කියා දුක් ම නොවැ වින්දේ. දැන් නොවැ මං සැප විඳින්නේ' කියා මේ ගාථාවන් පැවසුවා.

(1). **පාණ්ඩු රෝගය ගෙදරදී වැළඳී**
- බලවත් හිරිහැරයක් විඳිමින්
රෝගෙන් මරණාසන්නව සිටියා
- ගුණයක් සැදුනේ නැත බෙහෙතින්
ඇඟපත වියළී වැතිරී සිටියා

- නැගිට ගන්ටවත් බැරිව ඇඳෙන්
මං එහි සිටියේ වැලි මත වැටිලා
- අව්වේ වේලුන මලක් ලෙසින්

(2). අන්ධ බාල කෙනා ලොවේ
- පිළිකුල් වූ මේ කය ම ය
- සුභ ලෙස සලකන්නේ
අසූචියෙන් ම පිරී ගියත්
- ලස්සනට යි ඒ අය හට
- මේ කය දිස්වන්නේ
දෙතිසක් වූ කුණුපයකින්
- පිරී තිබෙන මේ කය ගැන
- ඇති තතු නොදකින්නේ
එනිසා ම ය ඔවුන් මෙසේ
- වසඟ වෙලා මේ කයට ම
- රැවටීමෙන් ඉන්නේ

(3). හැම තිස්සෙම ලෙඩ වී යන
- දොරටුවලින් කුණු වැගිරෙන
පිළිකුල් වූ දෙයින් පිරුණු
- ලෙඩවීම ම උරුමය වුනු
ලාමක වූ මේ සිරුරට - නින්දා වේවා
මුලාවෙලා මේ කයට ම
- අන්ධබාල උදවිය ලොව
මත් වීගෙන කාමයට ම - පමාවෙන් ම ඉන්නේ
දෙව්ලොව උපදින මගවත්
- ඔවුන්ට නොලැබෙන්නේ

මහණෙනි, එදා බෝධිසත්වයෝ ඔය විදිහට මේ කුණුකයේ ලෙඩදුක් හැදෙන බව නිතරම දකිමින් කය

ගැන කලකිරී දිවි ඇති තෙක් සතර බ්‍රහ්ම විහාර භාවනාව දියුණු කොට මරණින් මතු බඹලොව උපන්නා."

මෙසේ වදාළ භාග්‍යවතුන් වහන්සේ චතුරාර්ය සත්‍ය ධර්මය දේශනා කොට වදාළා. එය ඇසූ බොහෝ ජනයා සෝවාන් ආදී මාර්ගඵලාවබෝධයන්ට පත් වුනා. "මහණෙනි, එදා කයට ගරහමින් ධ්‍යාන භාවනා කළ තවුසාව සිටියේ මම" යි කියා භාග්‍යවතුන් වහන්සේ මේ ජාතකය නිමවා වදාළා.

04. ජම්බුඛාදක ජාතකය

ජම්බු කමින් තමන්ගේ නැතිගුණ වර්ණනා කරගත් සතුන්ගේ කතාව

පින්වතුනේ, පින්වත් දරුවනේ,

මේ කතාවෙන් කියැවෙන දේ අදටත් මේ අයුරින්ම දකින්ට ලැබෙනවා. අසත්පුරුෂයින් එකතුවුනාම ඔවුන්ට තම තමන්ගේ සැබෑ ගුණයක් දැකගන්ට නෑ. එතකොට ඔවුන් තමන්ගේ දැන උගත්කම්, තාන්නමාන්න, ගත්තු උපාධි, උපන්න කුලේ ආදිය වර්ණනා කරගනිමින් උතුම් පුද්ගලයන් සතු ගුණධර්මයන් ආරෝපණය කරගෙන තම තමන්ට ප්‍රශංසා කරගන්නවා.

ඒ දිනවල අපගේ භාග්‍යවතුන් වහන්සේ වැඩ වාසයකොට වදාළේ රජගහනුවර වේළුවනයේ.

එදා දම්සභා මණ්ඩපයේ රැස්වූ භික්ෂූන් වහන්සේලා මේ විදිහට කතා කරමින් සිටියා. "බලන්ට ඇවැත්නි, අසත්පුරුෂයන්ගේ ලාමක චරියාවන්වල සැටි. දැන් දේවදත්ත හොඳටෝම පිරිහිලා නොවැ ඉන්නේ. ලාභසත්කාරත් නෑ නොවැ. දේවදත්තගේ අග්‍ර ගෝලයා කෝකාලික ගෙවල්වලට ගිහින් මෙහෙමලු දේවදත්තව වර්ණනා කරන්නේ. "පින්වත්නි, අපගේ දේවදත්ත

තෙරණුවෝ සුළුපටු කෙනෙක් නොවේ. මහා සම්මත රාජ පරම්පරාවේ ඔක්කාක රාජවංශයේ උපන්න නොබිඳුනු ක්ෂත්‍රිය වංශයේ ඇති දැඩි වූ උතුමෙක් නොවැ. ඒ විතරක් යැ. මහාධුතාංධාරී, නිර්මාංශික, සද්ධර්මවිශාරද, ලෝකේශ්වර, මහාධර්මකථික, ප්‍රතිපත්තිගරුක මහා ථෙරනමක්. උන්නාන්සේ වැනි උතුමන් මුණගැසුන අවස්ථාවේ හොඳට සලකන්ට. දන් පැන්වලින් පුදන්ට" කියා දේවදත්තව වර්ණනා කරනවාලු.

දේවදත්තත් කෝකාලික ගැන මිනිසුන්ට මෙහෙමයිලු කියන්නේ. "පින්වත්නි, බලන්ට අපගේ කෝකාලික තෙරුන් පිළිබඳව. මේ තෙරණුවෝ මහාසාර බ්‍රාහ්මණ වංශයේ උපන් අයෙක්. භාෂා ශාස්ත්‍ර ඥානයෙන් මහා ඉහළයි. භාෂා පරමේශ්වරයි. ඉතාමත් බහුශ්‍රැතයි. මහා ධර්මකථිකයෙක්. මෙවැනි පාණ්ඩිත්‍යයෙන් යුතු සඟරුවනක් දකින එකත් දුර්ලභයි. ඒ නිසා මේ අවස්ථාවේ අපගේ කෝකාලික තෙරුන්ට දන්පැන් පුදන්ට සිතීම පවා පින් වැඩෙන දෙයක්" වශයෙන් වර්ණනා කරනවාලු.

හනේ හැබැට... මෙයාලා තමන් තුළ නැති ගුණ හුවා දක්වමින් බත් අනුභව කරවා ගන්නා හැටි!"

ඒ අවස්ථාවේ අපගේ භාග්‍යවතුන් වහන්සේ එතැනට වැඩම කොට වදාළා. භික්ෂූන් වහන්සේලා තමන් කථා කළ කරුණ භාග්‍යවතුන් වහන්සේට සැළකොට සිටියා. භාග්‍යවතුන් වහන්සේ මෙසේ වදාළා.

"මහණෙනි, ඔය දෙන්නා තමන් තුළ නොමැති ගුණධර්ම හුවා දක්වමින් දෙන්නාට දෙන්නා වර්ණනා කරගෙන අනුභව කළේ මේ ආත්මේ විතරක් නොවේ. කලින් ආත්මෙකත් ඔය විදිහට කළා" කියා මේ අතීත

කතාව ගෙනහැර දක්වා වදාළා.

"මහණෙනි, ගොඩාක් ඉස්සර කාලෙක බරණැස්පුරේ බ්‍රහ්මදත්ත නමින් රජ්ජුරු කෙනෙක් රාජ්‍ය විචාරමින් සිටියා. ඔය කාලේ බෝධිසත්වයෝ ජම්බු වෘක්ෂයන්ගෙන් පිරීගත් පෙදෙසක ජම්බු වෘක්ෂයක වෘක්ෂදේවතාවෙක්ව ඉපදිලා සිටියා.

දවසක් එක්තරා කපුටෙක් ජම්බු අත්තක වහලා සිට ජම්බු කමින් සිටියා. ඔතැනට සිවලෙක් ආවා. උඩ බලාගෙන මෙහෙම සිතුවා. 'හා... කපුටෙක් ජම්බු කනවා! මං මේකාගේ නැති ගුණ කියන්ට ඕනෑ. මේකාගේ උදව්වෙන් ඊට පස්සේ මටත් ජම්බු කන්ට ඇහැකි.'

මෙහෙම සිතා කපුටාව වර්ණනා කරමින් මෙහෙම කිව්වා.

(1)

එකට කැටි වූ ස්වරයෙන් අති මිහිරි හඬ නගනා
උතුම් කෙනෙකි ය මේ සිටින්නේ ලොවේ මන බඳිනා
යොවුන් මොණරෙක් වාගෙ ම යි නදින් රැව් දෙමිනා
කවුද මිහිරට නාද දෙන්නේ ජම්බු අත්තේ සිටිනා

සිවලාගේ මේ වර්ණනාව ඇසූ කපුටා නිම්හිම් නැති සතුටට පත් වුනා. කපුටා නරියාව වර්ණනා කරමින් මේ ගාථාව කිව්වා.

(2). **කුලපුත්‍රයෙක් ම යි දන්නේ**
- කුලපුතෙකුගේ ගුණ වණන්නට
හැඩට ම යි ඔබ ඉන්නේ
- ව්‍යාඝ්‍ර පැටියෙකුට සුදුසු වන්නට
එනිසාය මට සිතෙන්නේ

- ඔබටත් මේ රස ජම්බු දෙන්නට
මේ ජම්බු රස බලාපන්නේ,
- මිතුර සුදුසු ය මෙය ද ඔබහට

මෙහෙම කියූ කපුටා ජම්බු අත්ත සොලොවා ජම්බු ගෙඩි බිම හෙලුවා. ඒ ජම්බු වෘක්ෂයේ සිටි දේවතාවා ගුණයෙන් හිස් වූ සත්වයෝ දෙන්නෙක් එකිනෙකාව පසසා ගනිමින් ජම්බු කන අයුරු දැක මේ ගාථාව පැවසුවා.

(3)

ලැජ්ජා නැතිව බොරු දොඩනා
- දෙන්නෙක් එකතුව ඉන්නේ
ඉතා කලාතුරකින් මං මෙවැනි දෙයක් දැක ගන්නේ
කෑ දේ යළි වමාරමින් කන දෙන්නෙකි මේ ඉන්නේ
එකිනෙකාගෙ ගුණ කියමින් ජම්බු කනව බලපන්නේ

මේ ගාථාව පැවසූ දේවතාවා ඒ දෙන්නාව භය කොට එළවා ගත්තා.

"මහණෙනි, එදා කපුටාගේ නැතිගුණ හුවාදක්වා ප්‍රශංසා කළ නරියාව සිටියේ මෙදා දේවදත්ත යි. එදා නරියාට ප්‍රශංසා කරමින් ජම්බු කන්ට දුන් කපුටාව සිටියේ අද කෝකාලිකයි. වෘක්ෂ දේවතාවා වෙලා සිටියේ මම"යි කියා භාග්‍යවතුන් වහන්සේ මේ ජාතකය නිමවා වදාළා.

05. අන්ත ජාතකය

හීන සත්වයන්ගේ හැටි ගැන කියැවෙන කතාව

පින්වතුනේ, පින්වත් දරුවනේ,

මේ ලෝකයේ ලාභසත්කාරයන් නිසාම සතුටු වෙවී, එයට මුළාවී, එයින් ම පැවැත්ම ගෙනියන සත්වයෝ ඉන්නවා. ඔවුන් කරන්නේ තමන් තුළ කිසිම ගුණයක් නැති බව දැන දැනම එකිනෙකාගේ නැති ගුණ ඉස්මතු කොට කතා කිරීම යි. මෙය නීච සත්වයන්ගේ ස්වභාවයයි. දැන් කියවෙන්නෙත් එබඳු කතාවක්.

ඒ දිනවල භාග්‍යවතුන් වහන්සේ රජගහනුවර වේළුවනයේ වැඩ වාසය කොට වදාළේ. ඔය කාලේ දේවදත්ත සිටියේ හොඳටම පිරිහිලා. භාග්‍යවතුන් වහන්සේටත්, සංඝයාටත් විරුද්ධව කටයුතු කොට අජාසත් ලවා සිය පියාවත් මරවා ආනන්තරික පව් රැස් කරගෙන අපායට නියමව යි සිටියේ. ඒ දේවදත්තට කෝකාලික නමින් බ්‍රාහ්මණවංශික භික්ෂුවක් උපස්ථාන කළේ. මේ දෙන්නා දායක පවුල් කරා ගිහින් එකිනෙකාගේ ගුණ වර්ණනා කරගන්නවා. ඒ තුළින් මිනිසුන්ගෙන් සැලකිලි ලබාගන්නවා.

දවසක් දම්සභා මණ්ඩපයේ රැස්වූ භික්ෂූන් වහන්සේලා මේ දෙදෙනා ප්‍රයෝගයෙන් මිනිසුන් රවටා ගෙන දන් පැන් අනුභව කරනා හැටි කතාකරමින් සිටියා. ඒ අවස්ථාවේ භාග්‍යවතුන් වහන්සේ එතැනට වැඩම කොට වදාළා. භික්ෂූන් වහන්සේලා තමන් කතාකරමින් සිටි කරුණ භාග්‍යවතුන් වහන්සේට සැලකළා. භාග්‍යවතුන් වහන්සේ මෙසේ වදාළා.

"මහණෙනි, ඔය දෙන්නා තමන් තුළ නැති ගුණ කියාගෙන කාලා බීලා ඉන්නේ මේ ආත්මේ විතරක් නොවෙයි. මීට කලින් ආත්මෙකත් ඕක ම කළා." කියා මේ අතීත කතා ගෙනහැර දක්වා වදාළා.

"මහණෙනි, ගොඩාක් ඉස්සර කාලෙක බරණැස්පුරේ බ්‍රහ්මදත්ත නම් රජ්ජුරු කෙනෙක් රාජ්‍ය විචාරමින් සිටියා. ඔය කාලේ මහාබෝධිසත්වයෝ එක් ගම් කෙළවරක එරඬු වෘක්ෂයකට අධිගෘහිත දේවතාවෙක් වෙලා උපන්නා.

දවසක් ඒ ගමේ මිනිස්සු වයසක ගවයෙකුගේ මළකුණක් ඇදගෙන ඇවිත් ඒ ගම් සීමාවේ එරඬු වනයේ දමා ගියා. එතකොට එතැනට ආ සිවලෙක් ගව මස් කමින් සිටියා. ඔතනට කපුටෙකුත් ආවා. ඇවිත් එරඬු ගස් අතර සැඟවී සිට මේ ගවමස් බුදින සිවලා දෙස බලාගෙන මෙහෙම සිතුවා. 'ෂා...! මේ සිවලා ගවමස් බුදින අපූරුව. එහෙනම් මොහුගේ නැති ගුණ වර්ණනා කොට මටත් මස් කන්ට ඇත්නම්' කියා මේ ගාථාව පැවසුවා.

(1)

මේ ඇත්තගෙ ඇඟපත නම්
- වෘෂභයෙකුගෙ වාගෙ පෙනෙන්නේ

ඇගේ මවිල් සොලවන විට
- සිංහ රාජයෙකුගේ සිරි මොහුට ලැබෙන්නේ
සියලු සතුන්ගේ රජිඳුනි
- ඔබගේ ඔය තෙදබලයට මං නමදින්නේ
මා පිළිබඳ සිතා බලා
- මා හට කිසිවක් ලැබුනොත් හොඳයි සිතෙන්නේ

එය ඇසූ සිවලාට හිනා ගියා. මහත් සතුටක් ඇති වුනා. තමන් ගැන මහත් සේ ප්‍රශංසා කරන කපුටාව දැක සිවලා මේ ගාථාව කිව්වා.

(2)

කුලපුත්‍රයෙක් ම ය දන්නේ
- කුලපුතෙකුගෙ ගුණ වණන්ට
මොණරෙකුගේ ගෙල බඳුවට
- ඔබෙ රුව ඇත සිත බැඳෙන්ට
ඔබටත් මිතුරේ මෙහි ඉඩ
- තිබේ ඇවිත් රස බලන්ට
ඔබ වැනි ගුණවතෙකු සමඟ
- මං සතුටු ය මෙහි වසන්ට

මේ ලාමක සතුන් දෙදෙනා එකිනෙකාගේ නැති ගුණ කියමින් වර්ණනා කොට මස් අනුභව කරනු දුටු දේවතාවා මේ තුන්වැනි ගාථාව කිව්වා.

(3)

සිව්පාවුන් අතර සිටින නීච සතා
- සිවලා බව ලොව කව්රුත් දන්නේ
කුරුළු ලොවේ ජීවත් වෙන නීච සතා
- කපුටා බව ලොව හැමෝම දන්නේ
ගස් අතරේ නීච ම ගස

- එරඬු ගස කියා කවුරුත් හඳුනාගෙන ඉන්නේ
හරි පුදුමයි මේ නීච තුන
- හරි අගේට දැන් මෙහි එක් වී ඉන්නේ

එදා දෙවියා මේ කතාව කියා නිශ්ශබ්ද වුනා. මහණෙනි, එදා සිවලාව සිටියේ අද දේවදත්ත යි. එදා කපුටා ව සිටියේ අද කෝකාලිකයි. එදා වෘක්ෂදේවතාවා වෙලා සිටියේ මම" යි කියා භාග්‍යවතුන් වහන්සේ මේ ජාතකය නිමවා වදාළා.

06. සමුද්ද ජාතකය

මුහුදු කාක්කාගේ කතාව

පින්වතුනේ, පින්වත් දරුවනේ,

ඇතැම් අය ඉන්නවා මොනතරම් දේවල් ලැබුනත් මදි. ඒ හැම දෙයක් ම තමන්ගේ ළඟ ගොඩ ගසාගෙන සතුටු වෙන්ටයි ඔවුන් ආසා. සමහරවිට කෙනෙකුට එහෙම වෙන්නේ සංසාර පුරුද්දක් ලෙස වෙන්ට පුළුවනි. මෙයත් එබඳු කතාවක්.

ඒ දිනවල අපගේ භාග්‍යවතුන් වහන්සේ වැඩ වාසයකොට වදාළේ සැවැත්නුවර ජේතවනයේ. ඔය කාලේ ජේතවනයේ උපනන්ද නම් වයසක තෙරනමක් වාසය කළා. මොහු සතුටුවුනේ තමන් වඩා බඩුභාණ්ඩ රැස් කර ගැනීමෙන්. ඒ වගේම මොහු ගොඩාක් අනුභව කරන කෙනෙක්. මහත් ආශාවන්ගෙන් යුක්ත කෙනෙක්.

වස් කාලේ එනවිට මොහු කිහිප පොළක වස් වසනවා. එක් වස් පොළක තමන් වෙනුවෙන් තමන්ගේ සෙරෙප්පු ජෝඩුව තබනවා. තව වස් පොළක තමන් වෙනුවෙන් සැරයටියක් තබනවා. තව තැනක තමන් වෙනුවෙන් වළඳින පැන් තබාගන්නා කළගෙඩිය තබනවා. ඊළඟ තැනේ තමන් වස් වසනවා. වස් පිංකම් අවසානයේදී ඒ පිරිකර තබාපු හැම තැනින් ම තමන්ගේ

පංශුව ලබා ගන්නවා.

ජනපද විහාරවලට ගොහින් වටිනා සිවුරු පිරිකර ආදිය දුටු විට ඒවා පරිහරණය කරන භික්ෂූන් වහන්සේලාට අරියවංශ ප්‍රතිපදාව කියාදෙනවා. "භානේ ඇවැත්නි, කෝ ඔබවහන්සේලාගේ අරියවංශ ප්‍රතිපදාව? සසරේ භය දකිනා භික්ෂුව ලද සිවුරකින් සතුටුවෙන්ට ඕනෑ නෙවෙද? ලද සෙනසුනකින් සතුටු වෙන්ට ඕනෑ නෙවෙද? ලද පිණ්ඩපාතෙන් සතුටුවෙන්ට ඕනෑ නෙවෙද? භාවනා ධර්මයන්ට ඇලී ගැලී වසන්ට ඕනෑ නෙවෙද? අන්න ඒ උත්තම ප්‍රතිපදාවට ගැලපෙන්නේ ඔවැනි වටිනා ගෘහපති චීවර නොවේ. උත්තම වූ පාංශුකූල චීවරයයි. ඕවා අපට දෙන්ට. එතකොට අත්හැරීමේ කුසලයයි, පූජා කිරීමේ පිනයි දෙකම එක්වර ලැබෙනවා නොවැ" කියා ඒ භික්ෂූන්ව පාංශුකූල චීවරයේ සමාදන් කරවා හොඳ හොඳ චීවරාදිය තමන්ට පිළිගන්වාගෙන, මැටි පාත්‍ර ඔවුන්ට ලබාදී වටිනා ලෝහපාත්‍ර තමන්ට පිළිගන්වාගෙන, සියලු පිරිකර කරත්තයක පටවාගෙන ජේතවනයට ගේනවා. ගෙනැවිත් තමන්ගේ කුටියේ තැන්පත් කරගන්නවා.

දවසක් දම්සභා මණ්ඩපයට රැස්වූ භික්ෂූන් වහන්සේලා මේ ගැන කතා කරමින් සිටියා. ඒ අවස්ථාවේ අපගේ භාග්‍යවතුන් වහන්සේ එතැනට වැඩමකොට වදාළා. භික්ෂූන් වහන්සේලා තමන් කතා කරමින් සිටි කරුණ භාග්‍යවතුන් වහන්සේට පවසා සිටියා. භාග්‍යවතුන් වහන්සේ මෙසේ වදාළා.

"මහණෙනි, උපනන්ද කරලා තියෙන්නේ වැරදි දෙයක්. අරියවංශ ප්‍රතිපදාව අනුන්ට කියන කෙනා කලින්ම කළයුත්තේ තමන් පළමුකොට අල්පේච්ඡතා ආදී

ගුණයන්හි පිහිටා සිටීම යි. ඊට පස්සේ තමයි අන්‍යයන්ට කීම වටින්නේ" කියා මේ ගාථාව වදාළා.

අනුන්ට ඔවදන් දෙන්නට පළමුව
- තමා තුළයි එය පැවතිය යුත්තේ
ගුණයක පිහිටා තමන් පළමුවෙන්
- ඉන්පසු ඔවදන් දිය යුත්තේ
ඒ අයුරින් වැඩ කරන නැණවතා
- නැත කිසිදා පිරිහී යන්නේ

මේ ධම්මපද ගාථාව වදාළ භාග්‍යවතුන් වහන්සේ උපනන්දට ගර්හා කොට මෙසේ වදාළා. "මහණෙනි, දැන් විතරක් නොවේ, මොහු කලින් ආත්මෙකත් ඔහොම තමයි. ඒ ආත්මයේ මොහු මහා සාගරයේ ජලයත් රැකගන්ට ඕනෑ කිය කියා අනුන්ට කෑ ගසමින් සිටියා" කියා මේ අතීත කතාව ගෙනහැර දක්වා වදාළා.

"මහණෙනි, ගොඩාක් ඉස්සර කාලෙක මහාබෝධිසත්වයෝ සමුද්‍රදේවතාවෙක් වෙලා උපන්නා. ඔය කාලේ මුහුදු කාක්කෙක් මහසයුරට ඉහළින් පියඹා යමින් මුහුදේ ඉන්න මාළුන්ට යි, මුහුදු ආශ්‍රිත කුරුල්ලන්ටයි කෑ ගසමින් සිටියා. "හාපෝ... ඔහොම නාස්ති කරනවාද? මුහුදු ජලය වුනත් ප්‍රමාණයකට බීපල්ලා. මුහුදේ ජලය රැකගෙන බීපල්ලා" කියලා. මෙසේ කෑ ගසාගෙන යන මොහු දුටු සමුද්‍රදේවතාවා මේ පළමු ගාථාව පැවසුවා.

(1)

ලුණු සයුර වටා කරකැවෙමින්
- කෑ ගසමින් යන මේකා කව්දෝ
මුහුදු දියේ රැළි අතරේ
- සිට අන් අයවයි වෙහෙසන්නේ

මාළුන්ට යි මකරුන්ට යි නිතරම
 - බණිමින් මූ හැම තැන යන්නේ

මේ ගාථාව ඇසූ මුහුදු කාක්කා ඒ දේවතාවාට මේ
පිළිතුරු ගාථාව පැවසුවා.

(2)

අනන්ත වූ මේ සයුරේ හැම දිය
 - බොන්ට ආස ඇති කපුටෙකි මං
සියලු දෙනා මා ගැන දැන ගන්නේ
 - දීල සතුටුකළ නොහැකි අයෙකු ලෙස
මගේ සිතේ ආසාව තියෙන්නේ
 - සියලු සයුරු දිය බොන්නට ම යි

මේ කෑදර කපුටාගේ පිළිතුර අසා දේවතාවා මේ
ගාථාව පැවසුවා.

(3)

නිමාවකට යන්නෙත් නැති
 - පිරිලා ඉතිරෙන්නෙත් නැති
මුහුදේ දිය ලොව කිසිවෙකුටත්
 - බීමෙන් අවසන් කරන්ට බෑ ම ය
එනිසා කපුටෝ මුහුදු ජලය බී
 - නුඹටත් අවසන් කරන්ට බෑ ම ය

මෙසේ පැවසූ දේවතාවා බියකරු වෙසක් පෙන්වා
කපුටාව එළවා දැම්මා.

මහණෙනි, එදා මුහුදු කාක්කා වෙලා සාගර ජලය
තනියම බොන්ට ඕනෑ කියලා අනුන්ට කෑගසමින් සිටියේ
ඔය උපනන්ද. මුහුදු දේවතාවා වෙලා සිටියේ මම" යි
කියා භාග්‍යවතුන් වහන්සේ මේ ජාතකය නිමවා වදාළා.

07. කාමවිලාප ජාතකය

කාමය හේතුවෙන් වැලපීම ගැන කතාව

පින්වතුනේ, පින්වත් දරුවනේ,

අපට නොතේරී තිබුනත්, නොවැටහී තිබුනත් මේ ආත්මේ බොහෝ අර්බුදයන් පිණිස පෙර ආත්මයක සිදුවී ඇති කිසියම් දෙයක් බලපා තියෙනවා. ඒ හේතුව නිසයි බොහෝ අර්බුදයන් අවුලෙන් අවුලට පත්වෙන්නේ. මහා අවුලකට පත්වෙන්ට ගිය භික්ෂුවක් භාග්‍යවතුන් වහන්සේ නිසා ඒ අනතුරෙන් බේරී සුවපත් වීම ගැනයි මේ කතාවෙන් කියැවෙන්නේ.

ඒ දිනවල අපගේ භාග්‍යවතුන් වහන්සේ වැඩ වාසය කොට වදාළේ සැවැත්නුවර ජේතවනයේ. ඔය කාලේ සැවැත්නුවර ජේතවනයේ පැවිදිව සිටි එක් භික්ෂුවක් ගිහිකාලේ තමන්ගේ බිරිඳගේ පෙළඹවීමකට හසුවුනා. ඒ හේතුවෙන් මේ භික්ෂුව ධර්මයේ හැසිරීම අත්හැර හිස රැවුල් වවාගෙන බලාගත්තු අත බලාගෙන වාසය කළා. එතකොට භික්ෂූන් වහන්සේලා මොහුව භාග්‍යවතුන් වහන්සේ වෙත නොකැමැත්තෙන් ම කැඳවාගෙන ගියා. භාග්‍යවතුන් වහන්සේ ඒ භික්ෂුවගෙන් ප්‍රශ්නකොට වදාළා.

"ඇයි භික්ෂුව, ඔබට නිවන් මග හැසිරීම එපා වුනේ? කාම අරමුණකට පැටලී ගියා නේද?"

"එහෙමයි ස්වාමීනී."

"මොකක්ද භික්ෂුව ඔබව පැටලැවී ගිය අවුල?"

"අනේ ස්වාමීනී, අපේ හාමිනේ මට සිවුරු හැර එන්ට කීවා. එදා පටන් තමයි මට මේ ධර්ම මාර්ගයේ හැසිරෙන්ට බැරි විදිහට සිතට පීඩා එන්ට පටන් ගත්තේ."

"භික්ෂුව... ඔය ස්ත්‍රිය හරි භයානකයි. පෙර ආත්මෙකත් ඔය ස්ත්‍රිය නිසා ඔබට උල හිඳුවාගෙන මැරුම් කන්ට සිදු වුනා. මේ වතාවේ හසුවුනොත් හසුවෙන්නේ ම ඔය භයානක ස්ත්‍රියට ම යි".

එතකොට භික්ෂූන් වහන්සේලා ඒ භික්ෂුව කලින් ආත්මෙක භයානක ඉරණමකට කැඳවාගෙන ගිය ස්ත්‍රිය පිළිබඳ කතාව කියා දෙන්ට කියා අපගේ භාග්‍යවතුන් වහන්සේගෙන් ඉල්ලා සිටියා. භාග්‍යවතුන් වහන්සේ ඒ අතීත කතාව ගෙනහැර දක්වා වදාළා.

"මහණෙනි, ගොඩාක් ඉස්සර කාලෙක බරණැස්පුරේ බ්‍රහ්මදත්ත නම් රජ්ජුරු කෙනෙක් රාජ්‍ය විචාරමින් සිටියා. ඔය කාලේ මහාබෝධිසත්වයෝ අහස්වැසි දේවතාවෙක් වෙලා උපන්නා. ඔය කාලෙම බරණැස් නුවර කාර්තිකෝත්සවය නමින් නොවැම්බර් මාසේ මහා උත්සවයක් පැවැත්වෙනවා. ඔය උත්සව කාලෙට බොහෝ මිනිස්සු ලස්සන ඇඳුම් පැළඳුම්වලින් සැරසිලා රාත්‍රියේ වීදි සංචාරය කරමින් සතුටු වෙනවා.

බරණැස හිටිය දුප්පත් ජෝඩුවකුත් කාර්තික උත්සවයට විනෝද වෙන්ට යාමේ අදහසින් ඔවුන් සතු සළුපිළි සූදානම් කළා. එතකොට ඒ බිරිඳ මෙහෙම කියන්ට පටන් ගත්තා. "අනේ ස්වාමී... බලන්ට... මෙවරත්

අපට හැඳගෙන යන්ට තියෙන්නේ මේ පරණ සළුව ම නේ. ඔයා ඕනෑ නම් යන්ට. මට නම් බෑ."

"මේ... සොඳුරී.... අපට තියෙන එක නොවැ අපි ඇඳගෙන යන්ට ඕනෑ. අපේ සතුටට ඇඳුම් පරණයි කියා බාධා කරගන්ට ඕනෑ නෑ."

"බෑ අනේ.... ඕං... තරහා ගන්ට එපා... මට නම් බෑ. මං නම් ආසා කුසුම්භ මලින් රත් පැහැ ගන්වාපු සළුවක් පොරෝගෙන, මගේ අදරැති සැමියාට එකක් පොරවලා... මගේ සැමියාගේ ඉන පටලවාගෙන, එතකොට සැමියාත් මගේ කරට අත දමාන යන්ට යි. ආං එතකොට නම් සතුටක් තියේවි."

"හෑ... ඔයා මොනාද මේ කියන්නේ? කුසුම්භ මලින් රත්පැහැ ගන්වපු ඇඳුම්!... අනේ සොඳුරී... අපට කරන්ට ඇහැක් දෙයක් කියන්ට. අපි ලබන වතාවේ කුසුම්භ මලින් රත් පැහැ ගන්වාපු සළු පොරොවාගෙන යමු. මේ වතාවේ අපිට තියෙන දේ පොරවාගෙන යමු."

එතකොට බිරිඳ හඬන්ට පටන් ගත්තා. ඉකි ගසමින් මෙහෙම කිව්වා.

"හනේ... මං... මහා අවාසනාවන්ත එකියක්. ඇයි දෙයියනේ මගේ සැමියා සිය බිරිඳගේ ලස්සන සිහිනය සැබෑ කරගන්ට උදව් නොකරන්නේ? ඇයි මං... විතරක් මේ දුක් විඳින්නේ ඉහි... ඉහි..."

එතකොට සැමියා ළඟට ඇවිත් බිරිඳගේ හිස අත ගා ඈ සනසන්ට පටන් ගත්තා.

"නාඬා ඉන්න මයෙ සොඳුරී... ඔයාට මගේ පණ වුනත් දෙන්නම්. නමුත් අපි කොහෙන් ද කුසුම්භ මල්

හොයාගන්නේ?"

"ඇයි අනේ ඔයා දන්නැද්ද... රජ්ජුරුවන්ගේ මල්වත්තේ ඕනෑ තරම් මල් තියෙන්නේ?"

"හෑ.... ඔයාට පිස්සුද! අපට මල් කඩන්ට තියා ඒ පැත්තටවත් යන්ට ඇහැක? ඒවා තියෙන්නේ රකුසන් අරක්ගත් විල් වගේ නොවැ."

"හනේ යන්ට... ඕනෑ කමක් තියෙනම් සැමියෙකුට බිරිඳක් වෙනුවෙන් මොනාද නොකර ඉන්ට බැරි... සඳ නැති අමාවක එන්නේ එවැනි කටයුතු සඳහා තමයිනේ."

"ඕහ්... ඒ කියන්නේ... ඔයා ම... මට කියන්නේ මල් වත්තට හොරෙන් පැනලා මල් අරගෙන එන්ට කියලද?"

"නුවණැති පුරුෂයෙකුට ඕක මහවැඩක් නොවෙයි අනේ. අනික ගොඩාක් මල් ඕනෑ නෑ. එක මල් උරයක් තිබ්බාම ඇති... අනික මං දන්නවා... ඔයා මං වෙනුවෙන් ඕනෑම අභියෝගයකට මූණ දීලා ජයගන්නා බව."

මෙහෙම කියනකොට කාමයෙන් අන්ධ වී සිටි ඒ මිනිසා අමාවක දා මහාරාත්‍රියේ රජ්ජුරුවන්ගේ මල්වත්තට පැන්නා. එතකොට රැකවලුන්ට ඉව වැටුනා. "හොරෙක්! හොරෙක්!" කියා කෑ ගසමින් ගොස් ඒ මිනිහාව අත්අඩංගුවට ගත්තා. පසුවදා රජ්ජුරුවන්ට ඉදිරිපත් කළා. උල හිඳුවා මරන්ට තීරණය වුනා. වධකයෝ ඒ මිනිසාව අරගෙන ගිහින් පණ පිටින් උල හින්දුවා. තමන්ගේ සිරුර පලාගෙන උල බසිද්දී ඒ වේදනාව ගණන් නොගෙන තමන්ට මේ සිදුවූ කරදරය බිරිඳට කියන්ට විදියක් නැතිව හඬ හඬා සිටියා. එතකොට තමන් අසලින් කපුටෙක් පියාඹා යනවා දැක ඒ කපුටා අමතා මේ ගාථාවන් කිව්වා.

(1)

පියාපත් විදා අහසේ පියාසලන කපුටෝ
මා උල හිඳුවා ඇති බව
- මයෙ බිරිඳට කියන්ට පුළුවන්දෝ
කුසුම්භ මල් ගෙනෙනාතුරු
- ඈ තවමත් මග බලාන ඇත්තේ

(2)

අනේ තාම ඈ දන්නෑ
- මට දඬුවම් ලැබිලා ඇති බව
මා තවමත් ආවේ නැති හින්දා
- මා ගැන ඈ කෝප සිතින් ඇති
මහදේ මේ දුක් ගිනි ඇවිලෙන්නේ
- උල හින්දුවාට නම් නොවේ

(3)

අනේ ඈට කියන්ට කපුටෝ
- මා වෙනුවෙන් ගෙයි ඇඳ ළඟ ඇති දේ
නෙළුම් පොහොට්ටුවේ හැඩගත්
- සන්නාහය ඇත්තේ
මයෙ රන් මුදුවත් ඇත්තේ
කුසුම්භ මල් රත් පැහැගන්වන්ට තිබුන
- කසී සළු දෙකත් ඇත්තේ
මේවායින් කිසි ධනයක් අරගෙන
- ඈ සුවසේ ජීවත් වේවා!

මහණෙනි, මෙහෙම කිය කියා හඬා වැලපෙමින් ඔහු මිය ගිහින්, අධික රාගයෙන් මැරුන නිසා නිරයේ උපන්නා.” ඊට පස්සේ භාග්‍යවතුන් වහන්සේ චතුරාර්ය සත්‍ය ධර්මය වදාළා. ඒ දෙසුම අවසානයේ සිවුරු

හරින්නට සිතා සිටි භික්ෂුව සෝවාන් ඵලයට පත් වුනා.

"මහණෙනි, එදා තම බිරිඳ නිසා සොරකමකට හසුවී උල හිඳුවීමෙන් මරණයට පත්වෙන්ට සිදු වූ, බිරිඳ කෙරෙහි ඇති රාගය නිසා නිරයේ උපදින්ට සිදු වූ මිනිසා වෙලා සිටියේ මේ භික්ෂුව. එදා තමන්ගේ ආශාව නිසා සොරකමට පෙළඹවූ ආත්මාර්ථකාමී බිරිඳව සිටියේ මෙකල බිරිඳ ම යි. එදා මේ සිදුවීම දුටු දේවතාවා වෙලා සිටියේ මම" යි කියා භාග්‍යවතුන් වහන්සේ මේ ජාතකය නිමවා වදාළා.

08. උදුම්බර ජාතකය

මහවඳුරා රැවටීමට දිඹුල්ඵල ගැන කියූ කතාව

පින්වතුනේ, පින්වත් දරුවනේ,

ඉතා උපායශීලීව අනුන් සතු දේ තමන් සතු කරගන්ට වෑයම් කොට එය සාර්ථක කරගන්නා මිනිසුන් ලොවේ කවදත් ඉන්නවා. අද වුනත් ඔවුන් එබඳු දේ කරන්නේ සංසාරෙත් එවැනි දේ කළ අයට ම වෙන්ට ඇති. මෙයත් එබඳු කතාවක්.

ඒ දිනවල අපගේ භාග්‍යවතුන් වහන්සේ වැඩ වාසයකොට වදාළේ සැවැත්නුවර ජේතවනයේ. ඔය කාලේ එක් භික්ෂුවක් ඈත පිටිසරබද පළාතක ලස්සන විහාරයක වාසය කළා. ඒ විහාරය තිබුනේ ගල්තලාවක් උඩ. වැඩිය මිදුල් අමදින්ටත් නෑ. ජල පහසුවත් තියෙනවා. ගොදුරු ගමත් දුරක නෑ. මිනිස්සුත් බොහොම හොඳින් ප්‍රණීතව දන් පැනුත් පුදනවා.

දවසක් චාරිකාවේ වඩින වෙනත් භික්ෂුවක් ඒ විහාරයට පැමිණියා. එතකොට නේවාසික භික්ෂුව ඔහුට හොඳින් ආගන්තුක සත්කාර කළා. පසුවදා මේ ආගන්තුක භික්ෂුවත් සමඟ ගමට පිඬු සිඟා වැඩියා. මිනිස්සු ඉතා සතුටින් දන් පැන් පුදා පසුවදාටත් වඩින්ට කිව්වා.

ඉතින් මේ ආගන්තුක භික්ෂුව දවස් කීපයක් වාසය කළා. එතකොට ආගන්තුක භික්ෂුවට නේවාසික භික්ෂුව ඒ විහාරයෙන් නෙරපා එය තමන් සතු කරගන්ට කැමැත්තක් ඇති වුනා. මේ භික්ෂුව ඒ සඳහා උපායක් යෙදුවා. පසුවදා නේවාසික භික්ෂුව මේ ආගන්තුක තෙරුන්ට උපස්ථාන කරන්ට පැමිණියා. "අනේ... ඔය ආයුෂ්මතුන් භාග්‍යවතුන් වහන්සේ බැහැදැක වන්දනාමාන කොට බුද්ධෝපස්ථාන කරගන්ට තවමත් අවස්ථාවක් ගත්තේ නැද්ද?"

"අනේ ස්වාමීනී, මාත් හරිම කැමතියි ඒ මාගේ ශාස්තෘන් වහන්සේට උපස්ථාන කරන්ට. නමුත් මං ගියොත් මේ විහාරයේ වැඩ කටයුතු බලාගන්ට කවුරුත් නෑ නොවැ. ඒකයි යාගන්ට බැරි වුනේ."

"හපොයි... හරි පාඩුවක් නොවැ වෙලා තියෙන්නේ. මේ... ආයුෂ්මතුන්... බුද්ධෝපස්ථානය කියන්නේ එසේ මෙසේ දෙයක් ද! හප්පා.... එහෙම දුර්ලභ වාසනාවක් මගාරින්ට නාකයි. මට ආයුෂ්මතුන් ගැන හරී අනුකම්පාවක් උපන්නා. එහෙනම් ආයුෂ්මතුන් වඩින්ට. ගොහින් භාග්‍යවතුන් වහන්සේ බැහැ දැකලා වන්දනා මාන කොරගෙන පාඩුවේ ආපහු වඩින්ටකෝ. එතෙක් මං මේ විහාර පොඩ්ඩ බලාකියාගෙන ඉන්නම් හොඳේ!"

"සාධු... සාධු... ස්වාමීනී... කොයිතරම් දෙයක් ද! අනේ ඔබවහන්සේලා වැනි දයානුකම්පා ඇති, සංඝයාට උපකාරී වන සඟරුවන නිසාවෙන් අපට කොතරම් පහසුවක් ද. මං අපේ උපාසක පිරිසටත් කියලා යන්නම් ඔබවහන්සේට හොඳින් ඇප උපස්ථාන කරන්ට කියා."

ආගන්තුක තෙරුන්නාන්සේට වන්දනා කොට නේවාසික භික්ෂුව භාග්‍යවතුන් වහන්සේ බැහැදැක

වන්දනා කිරීම පිණිස සැවැත්නුවර බලා නික්මුනා. එදා පටන් ආගන්තුක භික්ෂුව විහාරයට සම්බන්ධ මිනිස්සුන්ට නේවාසික භික්ෂුවගේ ඇදපලුදු කියන්ට පටන් ගත්තා. එතකොට මිනිස්සු තුළ කලින් වැඩ උන් නේවාසික භික්ෂුව ගැන තිබුනු පැහැදීම නැතිව ගියා.

ටික දවසක් ගත වුනා. නේවාසික භික්ෂුව භාග්‍යවතුන් වහන්සේට වන්දනා කොට නැවතත් පැමිණියා. තමන් එදා නවත්වා ගිය භික්ෂුවද මේ කියා හිතාගන්ටත් බැරිතරම් මේ ආගන්තුක භික්ෂුව වෙනස් වෙලා. අර නේවාසික භික්ෂුවට වැඩ ඉන්ට තැනක්වත් දුන්නේ නෑ. නමුත් එදා රාත්‍රී එතැන ම වාසය කළා. පසුවදා ගමට පිඬු සිඟා වැඩියා. මිනිස්සු ඒ භික්ෂුවගේ මූණවත් බැලුවේ නෑ. මේ නිසා ඒ භික්ෂුව මහත් විපිළිසරයකට පත් වුනා. නැවතත් සැවැත්නුවරට ගොහින් මේ කාරණය භික්ෂූන්ට කියා හිටියා.

එදා දම්සභා මණ්ඩපයේ රැස්වූ භික්ෂූන් වහන්සේලා මේ ගැන කතා කරමින් සිටියා. "බලන්ට ඇවැත්නි, අසවල් ආවාසේ වාසය කළ භික්ෂුව ළඟට අසවල් භික්ෂුව ගොහින් උපායශීලීව විහාරයෙන් එළියට දමාලා විහාරය තමන් සතු කරගෙන නොවැ" කියා. ඒ අවස්ථාවේ භාග්‍යවතුන් වහන්සේ එතැනට වැඩම කොට වදාළා. භික්ෂූන් වහන්සේලා තමන් කතා කරමින් සිටි කරුණ භාග්‍යවතුන් වහන්සේට පවසා සිටියා. භාග්‍යවතුන් වහන්සේ මෙය වදාළා.

"මහණෙනි, ඒ භික්ෂුව මේ ආත්මේ විතරක් නොවෙයි ඔය විදිහට වාසස්ථානයෙන් මේ භික්ෂුව නෙරපා දැම්මේ. මීට කලින් ආත්මයකත් ඔය දේ ම කළා"

කියා මේ අතීත කතාව ගෙනහැර දක්වා වදාළා.

"මහණෙනි, ගොඩාක් ඉස්සර කාලෙක බරණැස්පුරේ බ්‍රහ්මදත්ත නමින් රජ්ජුරු කෙනෙක් රාජ්‍ය විචාරමින් සිටියා. ඔය කාලේ මහාබෝධිසත්වයෝ වනාන්තරේ වෘක්ෂදේවතාවෙක් වෙලා උපන්නා. ඒ දේවතාවා වසන ප්‍රදේශයේ සත්දින බැගින් මහා වැසි වහිනවා. ඒ වනයේ වාසය කළ කට රතු වඳුරු පැටියෙක් එක් ගල්බෑවුම් සෙවනක වැසි කාලය පුරාම වාසය කළා. දවසක් ඒ වඳුරු පැටියා ඒ ගල්බෑවුම් සෙවන දොරකඩ නොතෙමෙන තැනක සනීපෙට වාඩිවී සිටියා. ඒ වේලාවේ කට කලු මහාවඳුරෙක් හොඳටෝම තෙමිලා, සීතලෙන් පෙළි පෙළී ඇවිදින විට වඳුරු පැටියා සුවසේ වාඩි වී ඉන්න තැන දැක්කා. දැකලා හිතුවා 'මොකාක් හරි උපායකින් මං මේකාව මෙතනින් පිට කරවා මෙතැන මං වාසය කරන්ට ඕනෑ' කියලා. එහෙම හිතලා හොඳට කා බී බඩ කට පිරී ඇති අයුරින් තමන් කුස පුම්බාගෙන පෙන්නමින් වඳුරු පැටියා ඉදිරියට ගොහින් මේ ගාථාව කිව්වා.

(1)

අන්න අතන අර පැත්තේ
- හොඳට ඉදුනු දිඹුල් ගෙඩිත් තියෙනවා
පුලිල ගෙඩිත් ඉදුනු නුගත්
- ඒ පැත්තේ ඕනැතරම් තියෙනවා
නිකං බලා ඉන්නෙ නැතිව
- එලියට ඇවිදින් පලයං ඒ පැත්තේ
බඩ පිරෙන්ට මං වාගේ ගෙඩි කාපං
- බඩගින්නේ මැරෙන්ටෙපා

වඳුරු පැටියාත් මහවඳුරාගේ කීම අහලා වනේ ගෙඩි කන්ට ආසාවෙන් වැස්සේ පිටත්වෙලා ගියා. හැම තැනම ඇවිද්දා. ඒ කියාපු ජාතියේ ගෙඩි කොහේවත් නෑ. නැවතත් තමන් හිටිය ගල්සෙවනට එනකොට අර මහවඳුරා ඒක අයිති කරගෙන. "ඕ... හෝ... මුන්දෑ එහෙනම් මෙතනට රිංගන්ටයි මාව වංචා කලේ. මාත් එහෙනම් වංචා කරන්ට ඕනෑ' කියා පොඩි වඳුරාත් ගාථාවක් කිව්වා.

(2)

කවුරුන් හෝ වැඩිහිටියන් හට සලකනවා නම්
- ඔහුට තමයි ලැබෙන්නේ
මේ විදිහට බඩකට පුරවාගන්නට
- ඔහුට තමයි ලැබෙන්නේ
මාත් ගොහින් වනයේ අද සුවසේ
- බඩ පිරෙන්ට කාලයි මේ එන්නේ

එතකොට මහවඳුරා මේ ගාථාවෙන් ඒ වඳුරු පැටියාට පිළිතුරු දුන්නා.

(3)

වනේ උපන් එකෙක් තමයි
- වනේ උපන් තව එකෙක්ට කරන්නෙ වංචා
වඳුරෙක් ම යි තව එකෙකුට කරන්නේ වංචා
නුඹ වැනි පැටි වඳුරෙක් වත්
- එය අදහන්නේ නැති කොට
මං වාගේ නාකි වඳුරෙක්
- එය අදහන්නේ නෑ ම යි

කියා මෙහෙමත් කීවා. "මේ... පැටි වඳුරෝ... උඹ තාම වනේ ගැන දන්නෑ. අද දැනගත්තා නොවැ. මේ

මහා වැස්සට ගසක එක ගෙඩියක් ඉතිරි වෙලා නෑ. ඔක්කොම වැටිලා. ඒ වගේ ම උඹට දැන් මෙතැනත් නෑ. හ්ම්... හොඳා... එහෙනම් දැන් පල!" කියා පැටිවඳුරාව එළවා ගත්තා. පැටිවඳුරා එතැනින් යන්ට ගියා.

මහණෙනි, එදා පැටිවඳුරා වෙලා සිටියේ මේ නේවාසික භික්ෂුව. ඒ පැටියාව උපායශීලීව ගල්ලෙනින් එළියට යවා එය අල්ලාගත් මහවඳුරාව සිටියේ ඔය ආගන්තුක භික්ෂුව. එය දුටු වෘක්ෂදේවතාවා වෙලා සිටියේ මම" යි කියා භාග්‍යවතුන් වහන්සේ මේ ජාතකය නිමවා වදාළා.

09. කෝමායපුත්ත ජාතකය

කෝමායපුත්ත තාපසයාගේ කතාව

පින්වතුනේ, පින්වත් දරුවනේ,

පෙර ආත්මවල අපි ඇති කරගෙන තිබෙන නොයෙක් පුරුදු මේ ආත්මයේ ත් නොදැනීම වාගේ අප අතින් සිදුවෙන්ට ඉඩ තියෙනවා. දැන් අපි කියවන්නේ එබඳු කතාවක්.

ඒ දිනවල අපගේ භාග්‍යවතුන් වහන්සේ වැඩ වාසය කොට වදාළේ සැවැත්නුවර පූර්වාරාමයේ. දවසක් අපගේ භාග්‍යවතුන් වහන්සේ පූර්වාරාමයේ උඩුමහලේ වැඩ සිටියා. යටිමහලේ සිටි භික්ෂූන් වහන්සේලා තමන් ඇසූ දුටු දේවල් කතාවෙවී කැකොස්සන් ගසමින්, එකිනෙකාට උසුළු විසුළු කරගනිමින් වාඩිවී සිටියා. භාග්‍යවතුන් වහන්සේ අපගේ මහා මොග්ගල්ලානයන් වහන්සේට කතාකොට වදාළා.

"මොග්ගල්ලානයෙනි, මෙහි එන්න. අර භික්ෂූන්ව සංවේගයට පත් කරවන්ට."

එතකොට අපගේ මහා මොග්ගල්ලානයන් වහන්සේ ශාස්තෘන් වහන්සේට වන්දනා කොට අහසට පැන නැංගා. පාදයේ මහපට ඇඟිල්ලෙන් ප්‍රාසාදයේ මුදුන් කොතට පහර දී මුළු මිගාරමාතු ප්‍රාසාදය ම කම්පා

කෙරෙව්වා. ප්‍රාසාදය දෙපසට පැද්දෙන්ට පටන් ගත්තා. කයිවාරු ගසමින් සිටි භික්ෂූන් වහන්සේලාට උන්හිටි තැන් අමතක වුනා. මරණ භයින් තැතිගෙන ප්‍රාසාදයෙන් එළියට පැනගත්තා. මේ සිදුවීම නිසා ඒ භික්ෂූන්ගේ කෙළිලොල් ලාමක බව භික්ෂූන් අතර පැතිරී ගියා.

දම්සභා මණ්ඩපයේ රැස්වූ භික්ෂූන් වහන්සේලා මේ ගැන කතාකරන්ට පටන් ගත්තා. "බලන්ට ඇවැත්නි, පැවිද්ද කියන්නේ විහිළු තහළුවෙන්, කයිවාරුවෙන්, දෙතිස් කතාවෙන් කල් ගත කරන ජීවිතයක් යැ? අතිදුර්ලභ වූ බුදුසසුනක නොවැ පැවිදි වෙලා ඉන්නේ. භාග්‍යවතුන් වහන්සේ වදාළේ මෙය දුකය කියා මෙනෙහි කරන්ට යි. මෙය නිසාය දුක් උපදින්නේ කියා දුකට ඇති හේතු ගැන මෙනෙහි කරන්ට යි. මෙහෙම යි දුක නැති වෙන්නේ කියා මෙනෙහි කරන්ට යි. දුක් නැතිවෙන මාර්ගය මෙයයි කියා මෙනෙහි කරන්ට යි" කියලා.

ඒ අවස්ථාවේ අපගේ භාග්‍යවතුන් වහන්සේ එතැනට වැඩම කොට වදාළා. භික්ෂූන් වහන්සේලා තමන් කතා කරමින් සිටි කරුණ භාග්‍යවතුන් වහන්සේට සැළකොට සිටියා. භාග්‍යවතුන් වහන්සේ මෙසේ වදාළා.

"මහණෙනි, ඔය භික්ෂූන් තමන් කළයුතු දේ නොදැන තමන් කවුදැයි නොදැන අනවශ්‍ය කතාවෙන්, අනවශ්‍ය විහිළු තහළුවෙන් යුක්තව සිටියේ මේ ආත්මේ විතරක් නොවේ. මීට කලින් ආත්මෙකත් ඔය විදිහට ම යි වාසය කළේ" කියා මේ අතීත කතාව ගෙනහැර දක්වා වදාළා.

"මහණෙනි, ගොඩාක් ඉස්සර කාලෙක බරණැස්පුරේ බ්‍රහ්මදත්ත නමින් රජ්ජුරු කෙනෙක් රාජ්‍ය විචාරමින් සිටියා. ඔය කාලේ මහා බෝධිසත්වයෝ එක්තරා බ්‍රාහ්මණ

පවුලක උපන්නා. ඒ කාලේ කෝමායපුත්ත නමිනුයි ඔහු හැඳින්වුනේ. වියපත් වුනාට පස්සේ බෝධිසත්වයෝ ගිහිජීවිතය අත්හැරියා. හිමාලවනයට ගොසින් සෘෂි පැවිද්දෙන් පැවිදි වුනා. රමණීය වනපෙදෙසක අසපුවක් කරවාගෙන වාසය කළා.

ඔය කාලේ ම වෙනත් තාපසවරුත් හිමාලයේ කුටි සෙනසුන් කරවා ගෙන වාසය කළා. හැබැයි ඔවුන් තවුසන් වුනාට කසිණ භාවනා මාත්‍රයක් වත් කරගත්තේ නෑ. වනේට ගොහින් එල නෙලා ඇවිත් හොඳින් අනුභව කරනවා. ඊට පස්සේ නොයෙක් විකාර කතා කියමින් කෙළිදෙලෙන් වාසය කරනවා. ඔවුන් ළඟ වඳුරෙකුත් ඉන්නවා. මේ වඳුරාටත් නොයෙකුත් උසුළු - විසුළු කිරීම්, මූණ ඇද කිරීම් ආදී විකාර මේ තාපසවරු උගන්නලා තිබුනා. වඳුරත් ඇවිත් මොවුන් හිනස්සමින් විකාර කරමින් කෙළිදෙලෙන් ගත කළා. ඒ තාපසවරු කාලයක් හිමාලයේ වාසය කොට ලුණු ඇඹුල් සොයාගන්ට පහළ ගම්මානෙට පිටත් වුනා.

ඒ තාපසවරු හිටිය වන පෙදෙස දැන් කවුරුත් නැත කියා දැනගත්තාට පස්සේ බෝධිසත්වයෝ එතැනට ඇවිත් වාසය කරන්ට පටන් ගත්තා. එතකොට වඳුරත් ආවා. අර තාපසයින් සමඟ සෙල්ලමට වැටී සිටියා වාගේ බෝධිසත්වයන් සමඟත් කෙළිදෙලෙන් ඉන්ට සූදානම් වුනා. එතකොට බෝධිසත්වයෝ ඇඟිලි එක්කොට අසුරක් ගසා ශබ්ද කොට වඳුරාව නිශ්ශබ්ද කොට මෙහෙම කීවා.

"මේ ගොයියෝ... හොඳට හික්මුනු පැවිද්දන් ළඟ වාසය කරන කොට ඔහොම දඟලන්ට හොඳ නෑ. ගුණ ධර්ම ඇති කරගනින්. ගමන් බිමන් පවා සංවර කරපන්.

ධ්‍යාන භාවනාවක් පුරුදු කරගෙන වාසය කරන්ට ඕනෑ නොවැ" කියා අවවාද කළා. එදා පටන් වඳුරා සංවර වුනා. කලබල ඇති කළේ නෑ. උසුළු - විසුළු කළේ නෑ. විකාර කළේ නෑ. පැත්තකට ඇවිත් භාවනා කරනවා වගේ කරබාගෙන නිශ්ශබ්දව ඉන්ට පුරුදු වුනා. ටික කලකින් බෝධිසත්වයෝ එතැන අත්හැර වෙන තැනකට ගියා. අර තාපසවරු ලුණු ඇඹුල් සේවනය කොට ආයෙමත් කලින් සිටිය තැනට ම ආවා. නමුත් වඳුරා කලින් වගේ ඔවුන් සමග කෙළිසෙල්ලමට ආවේ නෑ. තාපසවරු මෙහෙම කිව්වා.

"ඕ... මේං වැඩක්. අපේ වානරමිත්‍රයා කලින් වගේ කෙලිසෙල්ලම් නැතිව... අද... මොකෝ... මේ... ශාන්ත... දාන්තව හැබෑට?" කියා මේ පළමු ගාථාව කිව්වා.

(1)

අනේ බොලේ කලින් ඔහේ
- කෙළි සෙල්ලම් කරමින් නොවැ මෙහි උන්නේ
මුවෙක් වගේ එහෙට මෙහෙට
- දුව පනිමින් අසපුව වට දිව යන්නේ
නොයෙක් විකාරත් කර කර
- හිනස්සමින් අප සැමදෙන දඟලන්නේ
දැන් නම් ඔය ඉන්න විදිහ
- කලින් වගේ නෑ අපගේ සිත් ගන්නේ

තාපසයන්ගේ මේ කතාව ඇසූ වඳුරා මේ ගාථාවෙන් පිළිතුරු දුන්නා.

(2)

දැහැන් වඩන ගුණ නුවණැති
- කරුණු කාරණා බොහො සේ දන්නා

කෝමයපුත්ත නමින් යුතුව
- උතුම් තවුසෙකුත් මෙහි ඇවිදින් උන්නා
එනිසා තොප කලින් වාගේ
- මා ගැන නම් සිතන්ටෙපා ආයුෂ්මත්වරුනේ
මං දැන් ගුරු ඇසුර ලබා
- ධ්‍යානයේ යෙදුනු සිතින් ඉන්නේ

එතකොට තාපසවරු මේ තුන්වෙනි ගාථාවෙන් වඳුරාට මෙහෙම කිව්වා.

(3)

ගල්තලාවෙ බීජ වැපිරුවත් කොතරම්
- වැසි නිසි ලෙස ඇදහැලුනත් ඒ මත
නැත ඒ බිජුවට පැලවෙන්නේ කිසිදා
- එයින් ලැබෙන්නේ නෑ කාටවත් සෙත
තොප කොතරම් ඇසුවත් මෙහි දැහැන් වඩන හැටි
- දියුණුව නම් සැලසෙන්නේ නැත
තිරිසන් යෝනියේ වඳුරෙක් වන තොප
- දැහැන් වැඩෙන බිමෙන් දුරුව ඇත

කියා වඳුරාට පහදා දුන්නා. තිරිසන්ගත වානර යෝනිය යනු ධ්‍යාන උපදවිය හැකි තැනින් දුරු වූ අභව්‍ය යෝනියක් කියාය.

මහණෙනි, එදා කෙළිදෙළින් සිටිය තාපසවරුන්ව සිටියේ මේ භික්ෂු පිරිසයි. කෝමයපුත්ත තාපසයාව සිටියේ මම" යි කියා භාග්‍යවතුන් වහන්සේ මේ ජාතකය නිමවා වදාළා.

10. වක ජාතකය

සිල් බිඳගත් වෘකයාගේ කතාව

පින්වතුනේ, පින්වත් දරුවනේ,

මෙයත් ඉතාමත් වටිනා කතාවක්. උතුම් ගුණධර්මයක් දියුණු කරගැනීම නිකම් කතා කළ පමණින්, ඇඟට වස්ත්‍රයක් දමාගත් පමණින්, කළහැකි දෙයක් නොවේ. ඊට නිසි කැපවීමක් ඕනෑ ම යි.

ඒ දිනවල භාග්‍යවතුන් වහන්සේ වැඩ වාසය කළේ සැවැත්නුවර ජේතවනයේ. ඔය කාලේ ආයුෂ්මත් උපසේනයන් වහන්සේ උපසම්පදාව ලබා වස් දෙකක් ඇතිව සිටියේ. තමන්ට එක් වසක්ව තිබියදී තවත් අයෙක් පැවිදි කරගත්තා. තමන්ට වස් දෙකක් වෙද්දී තමන්ගේ ශිෂ්‍යයාට එක් වසක් තිබුනා.

දවසක් ආයුෂ්මත් උපසේනයන් වහන්සේ දෙවස් භික්ෂුවක් වශයෙන් සිට එක්වස් ශිෂ්‍ය භික්ෂුවකුත් සමඟ භාග්‍යවතුන් වහන්සේ බැහැදකින්ට ගියා. එදා භාග්‍යවතුන් වහන්සේ ආයුෂ්මත් උපසේනයන් හට බොහෝ දොස් පවසා අවවාද කොට වදාළා. තමන් පළමුව හික්මෙන්ට කියා වදාළා.

එදායින් පසු උපසේනයන් වහන්සේ භාග්‍යවතුන් වහන්සේගේ අවවාද හිස්මුදුනින් පිළිගත්තා. ආජානේය

අශ්වයෙක් දඬුවමින් එක්වරම හික්මුනා වාගේ ධුතාංග යන් සමාදන්ව මැනැවින් හික්මුනා. වැඩිකල් නොයා රහත්ඵලයට පත් වුනා. එතකොට උපසේනයන් වහන්සේ ළඟට පිරිස පැවිදි වෙන්ට ආවා. උන්නාන්සේ මෙහෙම කීවා.

"ඔයාලාට පේනවා නේ. මං නම් ඉන්නේ ධුතාංග සමාදන්ව යි. මං සමාදන්ව සිටින විදිහට ධුතාංග සමාදන්ව සිටින්ට කැමති නම් පමණක් මගේ ශිෂ්‍යයන් හැටියට භාර ගන්ට කැමතියි. නැතිනම් වෙනත් තැනකට යන්ට." එතකොට ධුතාංග සමාදන්ව පිළිවෙත් පුරන්ට කැමති අය උපසේනයන් වහන්සේ ළඟ පැවිදි වුනා. ඉතා සංවර සඟපිරිසක් බිහි වුනා.

භාග්‍යවතුන් වහන්සේ හුදෙකලාවේ වනාන්තරේ වාසය කළා. ඒ කාලේ වෙන කාටවත් භාග්‍යවතුන් වහන්සේ බැහැ දකින්ට අවසර නෑ. නමුත් අපගේ උපසේනයන් වහන්සේට යි, උන්නාන්සේගේ ශිෂ්‍ය පිරිසට යි භාග්‍යවතුන් වහන්සේ බැහැදකින්ට අවසර ලැබුනා. එදා භාග්‍යවතුන් වහන්සේ උපසේනයන්ගේ ප්‍රතිපදාව ගැන සාධුකාර දී වදාළා. "මෙතැන් පටන් ධුතාංගධාරී භික්ෂූන් කැමති පරිදි මා දකිත්වා!" කියා විශේෂ අවසරයකුත් දී වදාළා. ශාස්තෘන් වහන්සේ විසින් ධුතාංගධාරී භික්ෂූන්ට මේ ලබා දුන් දුර්ලභ අවස්ථාව නිසා බොහෝ භික්ෂූන් ධුතාංග සමාදන් වෙන්ට පටන් ගත්තා.

භාග්‍යවතුන් වහන්සේ සැවැත්නුවර ජේතවනයට වැඩියාට පස්සෙත් බොහෝ භික්ෂූන් වහන්සේලා ධුතාංග සමාදන් වුනා. තවත් භික්ෂූන් වහන්සේලා භාග්‍යවතුන් වහන්සේ බැහැ දැකීමේ ආශාවෙන් ධුතාංග සමාදන්ව පාංශුකූල සිවුරු දරා ගත්තා. භාග්‍යවතුන් වහන්සේ බැහැ

දැක වන්දනා කිරීමෙන් පසු ඔවුන්ගේ ආශාව සංසිඳී ගියා. එතකොට ඔවුන් තම තමන්ගේ පාංශුකූල සිවුර තැනින් තැන දමා සාමාන්‍ය දායකයින් පුදන සිවුරු පොරොවා ගත්තා. ධුතාංගත් අත්හැරියා.

බොහෝ භික්ෂූන් සමඟ සේනාසන ගැන විමසා බලන්ට වැඩිය විට තැනින් තැන ගොඩ ගසා ඇති පාංශුකූල සිවුරු දකින්ට ලැබුනා. ඒ ගැන විමසද්දී භික්ෂූන් වහන්සේලාගෙන් තාවකාලිකව ධුතාංග සමාදන් වූ භික්ෂූන් පිළිබඳ විස්තර දැනගන්ට ලැබුනා. එවිට භාග්‍යවතුන් වහන්සේ මෙසේ වදාළා.

"මහණෙනි. ඔය විදිහට සමාදන් වන ධුතාංගයන් වැඩිකල් තියෙන්නේ නෑ. ඉස්සර එක්තරා වෘකයෙකුත් ඔය විදිහට නොවැ උපෝසථයේ සමාදන් වුනේ" කියා මේ අතීත කතාව ගෙනහැර දක්වා වදාළා.

"මහණෙනි, ගොඩාක් ඉස්සර කාලෙක බ්‍රහ්මදත්ත නම් රජ්ජුරු කෙනෙක් රාජ්‍ය විචාරමින් සිටියා. ඔය කාලේ මහාබෝධිසත්වයෝ සක්දෙවිඳු තනතුරේ වාසය කළේ.

ඔය දවස්වල එක්තරා වෘකයෙක් ගංගා නම් ගඟ ආසන්නයේ ගල්තලාවක වාසය කළා. දවසක් ගංගාවෙන් හිම ගසාගෙන ඇවිත් ඒ ගල්තලාවත් වටකොට තිබුනා. ටිකෙන් ටික ගංගා ජලය වැඩිවෙන්ට පටන් ගත්තා. එතකොට වෘකයා නැගිට ඇවිත් ගල්තලාවේ හාන්සි වුනා. දැන් මොහුට කෑමට මොකුත් ඇත්තෙත් නෑ. කෑමක් සොයා යන්ට විදිහකුත් නෑ. ජලයත් වැඩි වෙවී එනවා. එතකොට වෘකයා මෙහෙම සිතුවා.

'දැන් මට කෑමකුත් නෑ. කෑමක් සොයා යන්ට පිළිවෙළකුත් නෑ. නිකාම් ඉන්න එකේ උපෝසථයේ යෙදී

වාසය කිරීම උතුම් නොවැ' කියලා සිතින් ම උපෝසථ සිල් සමාදන්ව හාන්සි වුනා.

එදා සක්දෙවිඳු මේ උපෝසථ සමාදන්ව සිටින වෘකයාව දැක්කා. 'මේකා උපෝසථය සමාදන් වුනේ බලවත් අධිෂ්ඨානයකින් නොවේ. දුර්වල සිතිනුයි. මෙයාට තමන්ගේ හැටි පහදා දෙන්ට හොඳ වෙලාව' කියා සක්දෙවිඳු එළුවෙකුගේ වේශයෙන් ගල්තලාවට ඇවිත් වෘකයාට නුදුරින් සිටගත්තා. වෘකයා එළුවාව දැක්කා විතරයි 'ෂාහ්!... මේං හොඳ කෑමක් ළඟට ම ඇවිත්! එහෙනම්, මං වෙන දවසක සිල් ගන්නවා. අද මේ දඩයම කොරගන්ට ඕනෑ" කියලා වෘකයා හිටගත්තා. එළුවා ඩැහැගන්ට පැන්නා. දැන් එළුවාත් එහාට මෙහාට පැන පැන තමන්ව අල්ලාගන්ට දෙන්නේම නෑ. වෘකයාට හොඳටෝම හති වැටුනා. එළුමස් කෑමේ ආශාව අත්හරියා. තමන් හාන්සි වී සිටිය තැනට ම ගියා. ගිහින් මෙහෙම සිතුවා. 'මං දඩයමක් කරගත්තේ නෑ නොවැ. ඒ නිසා මගේ සිල් බිඳුනෙත් නෑ' කියා ආයෙමත් වැතිරුනා. එතකොට සක්දෙවිඳු අහසේ පෙනී සිටියා. මෙහෙම කිව්වා.

"එම්බා වෘකය, තොපගේ උපෝසථය රැකීමේ අධිෂ්ඨානය ඉතා දුර්වලයි. ඒ නිසා තොප වැන්නවුන්ට මොන උපෝසථ ද? තොප ළඟට එළුවෙකු වේශයෙන් ආවේ මමයි. මං සක්දෙවිඳු බව නොදැන තොප එළුමස් කන්ට ආසාවෙන් ගුස්තියක් ඇල්ලුවා නේද?" කියා වෘකයාට ගරහා නොපෙනී ගියා.

භාග්‍යවතුන් වහන්සේ මේ කතාව පවසා මේ ගාථාවන් ද වදාළා.

(1). අන් සතුන් නසා ඔවුන්ගෙ ලේ මස් බුදිමින්
ජීවත් වෙන සතෙකුට යි වෘකයා ය කියන්නේ
ඒ වෘකයා දවසක් දා සිල් අරගෙන ඉන්නේ

(2)

තව්තිසාවේ සක්දෙව් රජු මොහු පිළිබඳ දැක්කේ
දුර්වල වූ සිතිනුයි මොහු සිල් අරගෙන ඉන්නේ
සක්දෙවිඳුන් එළුවෙකුගේ වේශයෙන්
- එතැන පෙනී සිටි විට
සිල් බිඳගත් වෘකයා හනිකට
- කඩාපැන්නේ එළුවා වෙතට
එළුමස් කා ලේ බොන එක ගැනයි දැන් සිතන්නේ

(3)

මේ අයුරින් ඇතැමුන් ලොව
- දුර්වල වූ සිතින් යුතුව
සිල් අරගෙන සිටින නිසා
- අවස්ථාව මතු වූ විට සිල් ය කිලිටි වන්නේ
සිල් අරගෙන සිටි වෘකයා
- එළුවා ඇස ගැටුනු සැනින්
සිල් බිඳගෙන පැන්න ලෙසට
- සීලය ම යි හැල්ලුවට ගන්නේ

"මහණෙනි, එදා සක්දෙවිඳුව සිටියේ මම" යි කියා භාග්‍යවතුන් වහන්සේ මේ ජාතකය නිමවා වදාළා.

පස්වෙනි කුම්භ වර්ගයයි.

ජාතක අටුවාවේ තික නිපාතය අවසන් විය.

මහාමේඝ ප්‍රකාශන

- **ඉංග්‍රීසි භාෂාවට පරිවර්තනය වී ඇති ධර්ම දේශනා ග්‍රන්ථ :**

- **ඉංග්‍රීසි භාෂාවට පරිවර්තනය වී ඇති සූත්‍ර දේශනා ග්‍රන්ථ :**

- **ඉංග්‍රීසි භාෂාවට පරිවර්තනය වී ඇති සදහම් සිතුවම් පොත් :**

01. Chaththa Manawaka
02. The Great Arhant Bahiya Darucheeriya
03. The Great Arhant Pindola Bharadvaja
04. Sumana the Novice monk
05. The Great Arahath Bikkhuni Ambapali
06. The Great Arahant RattApala
07. Stingy Kosiya of Town Sakkara
08. Kisagothami
09. Sumana The Florist
10. Kali She-devil
11. Ayuwaddana Kumaraya
12. The Banker Anathapindika
13. The Great Disciple Visākhā
14. Siriguththa and Garahadinna